Martina Kieninger

Biologie mit 2- bis 3-Jährigen

4.000 Ex.

1. Aufl. 10/08

Kinder entdecken die Naturwissenschaften

Experimente für 2- bis 3-Jährige

Physik mit 2- bis 3-Jährigen

Technik mit 2- bis 3-Jährigen

Chemie mit 2- bis 3-Jährigen

Biologie mit 2- bis 3-Jährigen

Experimente für 4- bis 6-Jährige

Physik mit 4- bis 6-Jährigen

Technik mit 4- bis 6-Jährigen

Chemie mit 4- bis 6-Jährigen

Biologie mit 4- bis 6-Jährigen

Martina Kieninger, Diplom-Chemikerin, ist promoviert im Fach Biophysik und zurzeit als Dozentin für Computer- und Quantenchemie an einer staatlichen Universität in Südamerika tätig.

Frühe Kindheit | Mathematik, Naturwissenschaft & Technik

Martina Kieninger

Biologie

mit 2- bis 3-Jährigen

Kinder entdecken
die Naturwissenschaften

Cornelsen
SCRIPTOR

Ihre Wünsche, Kritiken und Fragen richten Sie bitte an:
Cornelsen Verlag Scriptor, Redaktion Frühe Kindheit,
Willy-Brandt-Platz 6, 68161 Mannheim oder
Marketing, 14328 Berlin, Cornelsen Service Center,
Servicetelefon 030/89 785 89 29

ISBN 978-3-589-24596-3

1. Auflage 2008

08 09 10 11 12 5 4 3 2 1

Redaktionsleiterin: Ulrike Bazlen, Mannheim
Lektorat: lüra – Klemt & Mues GbR, Wuppertal
Herstellung: Renate Hausdorf, München
Layout: Claudia Adam Graphik-Design, Darmstadt
Satz: Markus Schmitz, Büro für typographische Dienstleistungen, Altenberge
Druck und Bindung: CPI – Ebner & Spiegel, Ulm
Umschlaggestaltung: Claudia Adam Graphik-Design, Darmstadt
Textquellen: Auszug aus BNatSchG, § 41, Abs. 1–3
Illustrationen: Yo Rühmer, Frankfurt am Main
Abbildungen: Anja Doehring, Lübeck

Printed in Germany

Weitere Informationen finden Sie im Internet unter
www.cornelsen.de

Inhalt

Vorwort

Die Spaßtage Biologie für 2- bis 3-Jährige enthalten Projekte und Vorschläge rund um Pflanzen und Tiere, von denen die Kinder einige vermutlich schon aus ihrem Alltag kennen und für die sie sich stark interessieren.

Dazu gehören beispielsweise ein Spaßtag zu den Sinneswahrnehmungen der Pflanzen, aber auch Vorschläge zum Ziehen von Kartoffeln und Bohnen und vieles mehr. Besonders Kinder, die in einer Großstadt aufwachsen, werden mit Interesse das Wachsen von Pflanzen und Früchten beobachten.

Bodentiere – Regenwürmer, Asseln und Käfer – sind das Thema eines anderen Spaßtags. Das Verhalten dieser Tiere wird erforscht, ihre Bedeutung für den Erdboden wird erläutert. Die Kinder betrachten diese Tiere unter der Lupe und in der Becherlupe, wobei sie erste Erfahrungen mit der Mikroskopie sammeln können. Kleine Porträts zu einigen Tieren runden diesen Spaßtag ab.

Besonders spannend wird für die Kinder mit Sicherheit der Spaßtag, an dem es um Hunde und Katzen geht. Dank eines Besuchs-Tiers können auch jene Kinder erste Beobachtungen und Erfahrungen mit Hund und Katze machen, die kein eigenes Haustier besitzen.

Auch mit Vorgängen im eigenen Körper werden sich die Kinder beschäftigen. So wird ihnen z. B. die immense Bedeutung der fünf Sinne in verständlicher Weise nahegebracht. Ein weiterer Schwerpunkt ist in einem Spaßtag das Thema Verdauungsapparat.

Zu vielen Bereichen der Biologie finden Sie einen Spaßtag:

Situative Anregungen erlauben es Ihnen, das Thema im Gruppenalltag anzusprechen und einzubinden.

Der Band vermittelt das zum Erklären notwendige Grundwissen Biologie auf leicht verständliche Weise.

Eine ganze Reihe von aufeinander aufbauenden Versuchen führt altersgerecht an die Biologie heran. Die Vorschläge können auch einzeln durchgeführt werden. Wählen Sie aus, was Ihnen am meisten zusagt und was Sie für Ihre Gruppensituation für angemessen halten. Berücksichtigen Sie jedoch, dass biologisches Grundverständnis nur durch eine Reihe von Vorschlägen erschlossen werden kann.

Die Vorschläge sind mit **preiswerten** und **haushaltsüblichen** Materialien durchzuführen.

Zwei Tipps: Probieren Sie die Vorschläge, wenn möglich, vorher aus. Geben Sie den Kindern die Gelegenheit, eigenständig zu forschen!

Viel Spaß an den Spaßtagen!

Herbst 2008
Martina Kieninger

Spaßtag 1:
Auf der Jagd nach kleinem Getier

Krabbeln Ohrwürmer in die Ohren?

Phänomen: ***Insekten und Spinnen***

Einbindung in die Bildungspläne

In fast allen Bildungsplänen wird auf die eine oder andere Weise die Beschäftigung mit den Lebewesen im Erdboden gefordert – auch in Hinblick auf die Aspekte Ökologie, Umwelt- und Naturschutz.

Situationsbezug

Vielleicht bringen Ihnen die Kinder aus dem Garten einen Käfer oder eine Spinne. Vielleicht auch ein Insekt, das Sie selbst nicht kennen. Oder die Kinder entdecken diese Tiere unter Treppenstufen, in einem Park, beim Spiel im Wald, in Mauerritzen, im Keller. Dann ist dies eine gute Gelegenheit, sich das Tier einmal unter der Becherlupe anzuschauen.

Auch wenn viele der an diesem Spaßtag betrachteten Tiere – es sind vor allem Insekten – zu den Nützlingen gehören, handelt es sich doch nicht um Vertreter geschützter Arten, die nicht aufgesammelt werden dürfen.

Oft erhalten die Kinder Stereomikroskopie-Sets geschenkt: Meist sind Petrischalen aus Plastik, Plastikpinzetten und ähnliches Zubehör in diesen Sets enthalten. Es handelt sich zwar um Spielzeug und weniger um ernstzunehmende wissenschaftliche Geräte, trotzdem ist es richtig, sich damit zu beschäftigen. Nichts wäre frustrierender für ein Kind als die Nichtbeachtung seines Werkzeugs.

Falls Sie an eine Anschaffung für den Kindergarten denken, so empfiehlt es sich, in ein gutes Auflichtmikroskop anerkannter Firmen für optische Geräte zu investieren. Andernfalls ist die Anschaffung einer guten Lupe aus einem Optikerfachgeschäft ratsam.

Was Sie für diese Vorschläge benötigen

- Pinsel und weißes Papier
- Styropor
- Becherlupen, Leselupen
- Steine, Farnblätter, Gänseblümchen, Erde und Ähnliches
- Schraubenzieher
- Spielzeugschaufeln
- Joghurtbecher
- Filterpapier
- Holzbrett
- Blumentopf
- Holzwolle
- Draht

Grundwissen Biologie

Kleine Lebewesen findet man unter anderem **im Boden** und **unter Steinen.** Gräbt man im Wald ein Loch, sieht man, dass der Boden aus verschiedenen Schichten besteht. Unter der Streuschicht aus Laub liegt eine krümelige, braune Schicht, die ca. 30 Zentimeter dick ist. Darin sind ganz unterschiedliche Lebewesen zu entdecken.

Kaum jemand vermutet, dass z. B. in einer Handvoll Waldboden mehr dieser Lebewesen vorhanden sein können als es Menschen auf der Erde gibt. Mit bloßem Auge kann man allerdings nur einige kleine Tiere erkennen. Zu ihnen gehören z. B. die Springschwänze (ca. 3 mm lang), von denen es allein ca. 2000 Arten gibt, die Asseln, die Ohrwürmer und die Tausendfüßer, zu denen die Saftkugler (ca. 10 mm lang), die Erdfüßer und die Steinfüßer (ca. 25 mm lang) gehören. Auch Larven von Fliegen und Mücken sowie Spinnen, Ameisen und Mistkäfer zählen dazu.

Käfer, Spinnen und Schmetterlinge und deren Raupen findet man leicht in Haus und Garten. So lebt z. B. auf Brennnesseln die dunkle, mit Stachelborsten versehene Raupe des Tagpfauenauges und an Ligustersträuchern die hellgrüne dicke Raupe des Ligusterschwärmers.

Alle Tiere, die drei Paar Beine haben, gehören zu den **Insekten,** Tiere mit vier Paar Beinen zu den **Spinnentieren**. Zu den **Larven** der Insekten gehören die Raupen und Maden sowie die Engerlinge.

Die **Bodenorganismen** scheuen gewöhnlich das Licht und müssen sich vor Austrocknung schützen. Sie zersetzen die jährlich anfallende Laub- und Streuschicht zu **Humus**. Man erkennt ihre Tätigkeit an den **Fraßspuren** (Löcher oder Fenster) im Laub.

Lupen sind Sammellinsen, mit denen man Gegenstände vergrößert betrachten kann. Allerdings gelingt dies nur, wenn die Lupe in einem bestimmten Abstand zu dem Gegenstand gehalten wird. Lupen unterscheiden sich durch unterschiedliche **Vergrößerungsfaktoren.** Eine Leselupe mit dem Faktor 3x lässt den Gegenstand bis zu dreimal größer erscheinen. Eine Becherlupe hat den Faktor 8x. Binokulare vergrößern zwischen 6- und 50-fach.

Becherlupen mit Tierchen.

Wenn die Kinder Käfer und Spinnen gesammelt haben, wollen sie sicher gern etwas über die Tiere wissen. Im Folgenden stellen sich einige der Tiere vor: Sie können diese Porträts den Kindern vorlesen, sie noch weiter vereinfachen oder durch Zusatzinformationen ergänzen.

Porträt 1: Raupen

Wir Raupen haben einen dichten Haarpelz und oft eine sehr schöne Färbung. Es sieht zwar so aus, als seien wir Würmer, weil wir über Äste oder den Boden kriechen. Doch wir sind keine Würmer, denn wir haben Beine. Außerdem wird aus uns mal ein Schmetterling. Wenn wir genug Blätter gefressen haben, wickeln wir uns ganz fest in einen Seidenfaden ein, den wir selbst machen können. Von dieser Anstrengung ruhen wir uns aus – und erwachen dann als wunderschöner Schmetterling. Die Seide brauchen wir dann nicht mehr.

Wenn du uns Raupen unter der Lupe anschaust, kannst du deutlich unsere Oberkiefer sowie Beinpaare sehen, die uns an der Brust sitzen. Hast du schon gesehen, wie wir uns bewegen? Erst strecken wir uns lang aus, suchen mit den Bauchfüßen Halt und ziehen dann die sogenannten Nachschieber dicht an uns heran. Dabei wölben sich unsere Körper wie ein Bogen oder bewegen sich unterschiedlich kriechend fort. Dann rasten die Nachschieber ein und das Ganze beginnt von vorn.

Porträt 2: Doppelschwänze

Wir heißen Doppelschwänze – warum wohl? Schau genau hin. Mit unserem Doppelschwanz können wir greifen. Wahrscheinlich hast du uns unter Moos oder im Falllaub oder tief unter Steinen aufgespürt, denn da, wo es dunkel und feucht ist, halten wir uns am liebsten auf. Übrigens gehören wir zu den Urinsekten, das heißt, wir sind die Dinosaurier der Fliegen. Eigentlich sind wir noch viel älter als die echten Dinosaurier.

Porträt 3: Laufkäfer

Rate mal, warum wir Laufkäfer heißen. Richtig, wir sind sehr gute und schnelle Läufer. Ob du uns im Laub entdeckst? Meistens sind wir etwas länger als ein Zentimeter. Wir sind schlank, haben lange Beine und kräftige Kieferzangen, die du unter der Lupe gut sehen kannst. Viele von uns können nicht fliegen, da die Hinterflügel verkümmert und die Vorderflügel (Deckflügel) verwachsen sind.

Porträt 4: Webspinnen

Viele Menschen fürchten sich vor uns, dabei sind wir vollkommen harmlos – du kannst uns sogar auf der Hand krabbeln lassen, wir beißen nicht. Schau uns mal durch die Lupe an: Kannst du sehen, wo unser Kopf sitzt? Er geht nahtlos in den Vorderkörper über. Unsere 6 bis 8 Punktaugen erkennst du wahrscheinlich nicht, die vier Laufbeinpaare dagegen bestimmt. Unsere Beine sehen übrigens ganz anders aus als deine: Sie haben sieben Glieder, nicht zwei. Wenn wir unsere Netze weben, stellen wir die Fäden selbst her.

Porträt 5: Ohrwürmer

Schau mich ganz genau unter der Lupe an: Ich habe drei Beinpaare. Am liebsten verstecke ich mich unter Pflanzen, im Laub oder in Mauerritzen. Ich mag es warm, feucht und dunkel. Wenn du mich findest, schlafe ich wahrscheinlich, denn ich bin nachts unterwegs. Außerdem kann es sein, dass du mich zusammen mit anderen Ohrwürmern findest. Ich schlafe nämlich nicht gern allein. Das Auffälligste an mir ist wohl die Zange, die ich an meinem Hinterleib trage und die ich brauche, wenn ich auf Jagd gehe.

Außerdem kannst du sehen, dass ich lange, feine Fühler mit 15 Gliedern habe. Möchtest du wissen, was ich gern fresse? Ich fresse Pflanzen, manchmal auch Blüten und Heruntergefallenes. Ich bin ein Nützling, denn ich fresse die Eier der Blattläuse und Motten. Außerdem besitze ich viele Flügel. Die Hinterflügel habe ich unter die Deckflügel gefaltet, einen Flügel auf den anderen. Ich kann bis zu 40 Flügellagen übereinanderstapeln – aber Fliegen kann ich trotzdem nicht!

HINWEIS **Wenn man Tiere zu Beobachtungszwecken sammelt, muss darauf geachtet werden, dass man sie nicht verletzt oder schädigt. Sie müssen nach der Untersuchung wieder in ihren natürlichen Lebensraum zurückgebracht werden.**

Vorschlag 1:
Mondlandschaften

Material für jedes Kind: Lupe • Für die Gruppe: Steine • Styropor • Farnblatt • Gänseblümchen • Blumenerde und Ähnliches
Anzahl der Kinder: 5–10
Vorbereitungszeit: 60 Minuten
Durchführungszeit: 120 Minuten

Vorbereitung Gehen Sie mit den Kindern im Garten, im Haus oder im Wald auf Entdeckungsreise. Lassen Sie die Kinder mitentscheiden, was gesammelt werden soll.

Durchführung Die Kinder suchen sich aus der Sammlung etwas aus, das mit der Lupe betrachtet wird. Helfen Sie den Kindern bei der Handhabung und üben Sie den sicheren Umgang mit diesen Geräten.

Was passiert? Alles was unter den Lupen betrachtet wird, erscheint größer und detaillierter.

Erklärung Die Vergrößerung des Gegenstandes hängt von dem Vergrößerungsfaktor der benutzten Lupe ab.

Lupen machen kleine Dinge größer.

Vorschlag 2: **Insekten und Spinnen fangen**

Material für jedes Kind: Becherlupen • Für die Gruppe: Pinsel • Papier • Schraubenzieher
Anzahl der Kinder: Beliebig
Vorbereitungszeit: Keine
Durchführungszeit: 120 Minuten

Durchführung Packen Sie die Becherlupen, Pinsel, Papier und Schraubenzieher ein und gehen Sie mit den Kindern ins Freigelände oder in den Wald. Fordern Sie die Kinder auf, Steine und alte, feuchte Holzstücke umzudrehen. Mit einem Schraubenzieher können Sie auch die Rinde von Ästen (Totholz) lösen. Auch lohnt es sich, unter Baumschnitt und in Pflanzenresten zu suchen. Die dort entdeckten Tiere werden am besten zunächst mit einem Pinsel vorsichtig auf das Papier gefegt und von dort aus in die Becherlupen befördert.

Was passiert? Die Tiere können an Ort und Stelle vergrößert betrachtet werden.

Erklärung Die Becherlupe vergrößert die Tiere.

So können die Tierchen nicht entwischen.

Vorschlag 3: **Die Bodenfalle**

Material: • Joghurtbecher • Filterpapier • Holzbrett • Steine • Spielzeugschaufel
Anzahl der Kinder: 5–10
Vorbereitungszeit: Keine
Durchführungszeit: 20 Minuten

Durchführung Graben Sie zusammen mit den Kindern den Tieren eine Grube: Behälter, z. B. leere Joghurtbecher, werden dazu bis zum Rand in den Boden eingegraben. Ein Stück feuchtes Filterpapier im Becher verhindert, dass die gefangenen Tiere austrocknen. Für den Fall, dass es regnet, errichten die Kinder nun über der Falle noch ein Dach. So ertrinken die Tiere nicht im Regenwasser, das sich im Joghurtbecher sammelt. Ein solches Dach entsteht zum Beispiel aus einem kleinen Holzbrett, das über ein paar Steine gelegt wird. Dann dürfen die Kinder Käse oder ein kleines Stück rohes Fleisch in den Becher legen.

Was passiert? Käfer und Spinnen lassen sich in einer solchen Bodenfalle fangen.

Erklärung Spinnentiere werden angelockt, da sie in der Nähe verrottenden Fleisches Beutetiere vermuten, z. B. Schmeißfliegen. Aaskäfer ernähren sich von Aas, also von verrottendem Fleisch oder legen dort ihre Eier ab.

HINWEIS **Die Falle muss täglich kontrolliert werden. Entfernen Sie die Falle nach drei Tagen. Die gefangenen Tiere können wiederum einzeln mit der Becherlupe betrachtet werden.**

Vorschlag 4: **Ohrwurmtopf**

Material: Blumentopf • Holzwolle • Draht • Weißes Papier
Anzahl der Kinder: 2–6
Vorbereitungszeit: Keine
Durchführungszeit: 20 Minuten, plus 2 bis 4 Tage Beobachtungszeit

Durchführung Die Kinder formen aus der Holzwolle ein Knäuel, das Sie mit dem Draht umwickeln. Das eine Ende des Drahtes stecken Sie durch das Loch im Boden des Blumentopfes. Nun suchen Sie mit den Kindern einen Baum, am besten einen Obstbaum, und hängen das „Haus“ für die Ohrwürmer auf, indem Sie den Draht um einen Ast wickeln. Beobachten Sie das Haus alle zwei Tage und schütteln Sie es vorsichtig über einem weißen Papier aus. Die herausfallenden Ohrwürmer setzen Sie anschließend vorsichtig im Gebüsch wieder ab.

Was passiert? Nach einigen Tagen finden sich Ohrwürmer ein, die auf das Papier rieseln.

Erklärung Ohrwürmer halten sich gern in dunklen, vor der Sonne und vor Fressfeinden geschützten warmen Räumen auf. Sie sind gesellig, d. h. man trifft sie meistens zu mehreren an. Der Topf bietet ihnen also die geeigneten Lebensbedingungen.

Der fertige Ohrwurmtopf.

Spaßtag 2:
Regenwürmer und Kellerasseln

Können Regenwürmer sehen?

Phänomen:
Verhalten von Bodentieren

Einbindung in die Bildungspläne

Beobachtungen von und an Bodenbewohnern werden in allen Bildungsplänen in der einen oder anderen Weise erwähnt: Gerade auch im Zusammenhang mit dem Naturschutzgedanken, dem in den meisten Bildungsplänen viel Raum eingeräumt wird.

Situationsbezug

Gespräche und Vermutungen zu Reaktionen und Lebensgewohnheiten von Regenwürmern liefern bereits einen hervorragenden Einstieg in die Untersuchungen zum Verhalten dieser Tiere. Auch Kinderfragen wie: Haben Regenwürmer Augen, haben sie eine Nase? Unter der Lupe sind dergleichen Sinnesorgane nicht zu entdecken. Abgesehen davon, dass Vergrößerungen von Becherlupen nicht hinreichen, solche Details zu entdecken, besitzen Regenwürmer tatsächlich weder Augen noch Nase, obwohl sie in Bilderbüchern und Comics oft mit lachendem Mund, Kulleraugen und Kartoffelnase dargestellt sind.

Was Sie für diese Vorschläge benötigen

- Becherlupen
- Regenwürmer
- Großes Einmachglas
- Garten-, Blumenerde
- Laub- und Salatblätter
- Sprühflasche
- Handtuch
- Nylonstrümpfe
- Gummibänder
- Suppenteller
- Wasser
- Plastikflasche
- Filter- und Löschpapier
- Papier
- Schere
- Kleber
- Taschenlampe
- Brettchen
- Wattestäbchen
- Salatessig
- Salz
- Senf
- Trinkgläser
- Teller
- Alufolie
- Gemüsereste
- Verrottende Laubblätter
- Blumentopf
- Marmeladengläser
- Postkarte

Grundwissen Biologie

An diesem Tag werden **Taxien** eine Rolle spielen: Eine Taxis ist eine **Orientierungsreaktion** von freibeweglichen Lebewesen. Das heißt die Ausrichtung einer Bewegung auf die Ursache eines Reizes hin (**positive Taxis**) oder von ihr weg (**negative Taxis**). Die Reaktionen können beispielsweise aufgrund von **Lichtreizen** auftreten (**Phototaxis**) oder von **chemischen** Reizen als **Chemotaxis**.

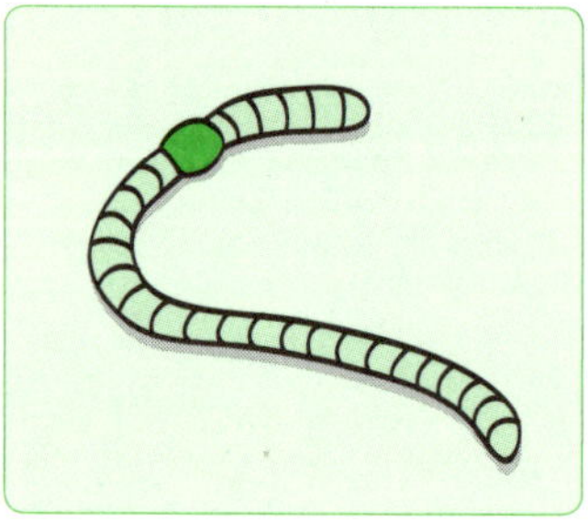

Der Regenwurm.

Regenwürmer haben zwar keine Augen, doch die **Lichtsinneszellen**, die sich in der Haut am vorderen und am hinteren Ende des Wurmes befinden, helfen ihnen bei der Orientierung. Auf Licht reagieren sie negativ phototaxisch, das heißt, sie flüchten ins Dunkle. Auch Ohren besitzen Regenwürmer nicht, wohl aber reagieren sie auf **Erschütterungen**: Sticht man mit einem Spaten in den Erdboden und rüttelt am Stiel, bewegen sich die Tiere Richtung Erdoberfläche. Dies ist übrigens eine gute Methode, die Tiere aus dem Boden zu treiben, um sie umzusetzen. Auf chemische Reize reagieren die Tiere chemotaxisch – die Nähe von Salz, das die Haut austrocknen könnte, meiden sie.

Regenwürmer graben **Gänge** in den Boden. Sie ziehen **abgestorbene Pflanzenteile** hinein und fressen sie auf. Der Regenwurmkot düngt den Boden. Tiefere Bodenschichten werden von Regenwürmern nach oben gebracht. Den getrockneten Schleim, mit dem sie ihre Gänge auskleiden, nennt man **Tapete**. Durch diese Tapete bleiben die Gänge längere Zeit stabil und lassen Wasser und Luft an die Wurzeln von Pflanzen. Dank der unermüdlichen Arbeit der Regenwürmer entsteht lockerer und fruchtbarer **Humus**.

Werden Regenwürmer von einem **Fressfeind** gepackt, reagieren Sie mit **Selbstverstümmelung.** Das Tier wirft hierbei eine Anzahl von zylindrischen Gliedern (**Segmenten**) am Hinterende ab. Diese überlässt es dem Feind und flüchtet in den Boden. Diese Segmente kann das Tier hinterher erneut ausbilden. Aufgrund dieses Verhaltens wird oft fälschlich behauptet, dass bei **Durchtrennung** eines Regenwurms zwei Tiere entstehen. Geschieht die Durchtrennung z. B. in der Mitte, so kann das Vorderende keinesfalls überleben, da ihm wichtige **Organe** fehlen, beispielsweise das **Nervenzentrum** sowie das **Herz**, das sogenannte Lateralherz. Ebensowenig kann jedoch das **Hinterende** überleben.

Auch die **Kellerasseln** reagieren negativ phototaxisch. Sie leben unter Steinen und in der Streuschicht von mittelfeuchten Laubwäldern und Gebüschen. Man findet sie ebenso in Kellern, Gärten, Gewächshäusern und Komposthaufen. **Asseln** gehören nicht zu den **Käfern** sondern zu den **Krebsen**. Sie verfügen als solche über **Kiemen** und sind in der Lage, über die **Körperoberfläche** Sauerstoff aus der Luft aufzunehmen. Die Rückbildung der Kiemen ist im Laufe der **Evolution** jedoch soweit fortgeschritten, dass der größte Teil des Sauerstoffs über die sogenannten **Tracheenlungen** aufgenommen wird.

Die Assel.

Tracheenlungen sind primitive **Behelfslungen**, die sich auf der **Innenseite** der **Hinterleibsfüße** durch Furchungen und starke Verdünnung der Haut entwickelt haben. Mit ihrer Hilfe kann der Sauerstoff aus der Luft aufgenommen werden. Aufgrund der **Luftfüllung** erscheinen sie weiß und werden als **„weiße Körper"** bezeichnet.

Vorschlag 1: **Würmer sammeln**

Material: Becherlupen • Regenwürmer
Anzahl der Kinder: Beliebig
Vorbereitungszeit: Keine
Durchführungszeit: 30 Minuten

Durchführung Sammeln Sie mit den Kindern Regenwürmer und setzen Sie sie einzeln in Becherlupen. Von dort sollte der Wurm jedoch bald wieder freigelassen oder in das vorbereitete Einmachglas (siehe Vorschlag 2) umgesetzt werden. Vorher schauen sich die Kinder den Regenwurm genau an.

Was passiert? Die Kinder werden sehen, dass der Wurm in der Mitte dick ist und die Enden dünner sind. Es sieht aus, als habe er einen Ringelpulli an. Es gibt lange, kurze, dicke und dünne Regenwürmer.

Erklärung Der Körper des Regenwurms besteht aus zahlreichen zylindrischen Gliedern (Segmenten). Die Anzahl der Segmente nimmt mit dem Alter des Wurms zu. Eine spezielle Wachstumszone in der Nähe des Hinterendes produziert neue Glieder. Ausgewachsene Exemplare erreichen um die 160 Segmente. Die Bauchseite des Regenwurms ist heller als die Rückenseite. Die Färbung selbst hängt von der Regenwurmart ab. Vielleicht sehen die Kinder eine dunkle Linie im Innern des Wurms: Dies ist der (gefüllte) Darm. Am Vorderende können bei genauer Betrachtung „Lippen“ erkannt werden. Der Regenwurm besitzt einen Mund.

Vorschlag 2: **Regenwurmfarm**

Material: Großes Einmachglas (1 l) • Gartenerde • 2–3 Laub- und Salatblätter • Sprühflasche mit Wasser • 2 Regenwürmer • Handtuch • Nylonstrumpf • Gummiband
Anzahl der Kinder: Beliebig
Vorbereitungszeit: Keine
Durchführungszeit: 50 Minuten

Durchführung Die Kinder geben Erde in das Glas, bis es zu dreiviertel voll ist, dann feuchten sie den Boden mit der Sprühflasche gut an. Er soll aber nicht zu nass sein. Auf die Oberfläche legen die Kinder die Salat- und Laubblätter. Die Regenwürmer werden nun in das Glas gesetzt. Spannen Sie um die Öffnung des Glases einen Nylonstrumpf, den Sie mit einem Gummiband befestigen. Verdunkeln Sie das Glas mit dem Handtuch. Es sollte nicht in der Nähe der Heizung, sondern möglichst kühl aufgestellt werden. Alle 2–3 Tage sollte die Erde mit etwas Wasser besprüht werden.

Was passiert? Nach ein paar Tagen sind die Blätter verschwunden, es sind überall kleine Wurmhäufchen zu erkennen.

Erklärung Regenwürmer graben Gänge in den Boden. Tiefere Bodenschichten werden von Regenwürmern bei ihren Grabungsarbeiten nach oben gebracht und mit den oberen Schichten vermischt. Der Regenwurm zieht abgestorbene, mit Pilzen und Bakterien durchsetzte Pflanzenteile in den Boden, die er frisst. Bei der Verdauung entsteht der für die Pflanzen wichtige nährstoffreiche Kot. Durch ihn werden sie mit den nötigen Mineralstoffen beliefert.

HINWEIS Damit die Tiere artgerecht gehalten werden, muss das Glas immer mit einem Tuch abgedeckt bleiben. Richten Sie im alltäglichen Ablauf der Kindergruppe Beobachtungszeiten ein, zu denen die Verdunkelung entfernt wird.

Vorschlag 3: **Schwimmkurs für Regenwürmer**

Material: Regenwurm aus dem Regenwurmglas • Suppenteller • Frisches kaltes Wasser
Anzahl der Kinder: Beliebig
Vorbereitungszeit: Keine
Durchführungszeit: 20 Minuten

Durchführung Die Kinder gießen Wasser in den Suppenteller und legen den Regenwurm vorsichtig hinein.

Was passiert? Der Regenwurm kann zwar nicht schwimmen, aber er ertrinkt auch nicht: Er ringelt sich im Wasser.

Erklärung Regenwürmer können längere Zeit im Wasser überleben, wenn das Wasser kühl ist und genügend Sauerstoff enthält. Sie nehmen den benötigten Sauerstoff über die Haut auf. Die Sauerstoffmenge, die im Wasser gelöst ist, genügt ihnen zum Atmen. Selbst ohne Sauerstoff und unter Wasser gehaltene Regenwürmer gehen erst nach 35 Stunden langsam zugrunde. Die Würmer sind in der Lage, auf einen Stoffwechsel ohne Sauerstoffverbrauch umzuschalten. Im Uferbereich unverbauter Gewässer findet man Regenwurmarten, die eine zeitweise Überflutung unbeschadet überstehen.

HINWEIS Für diesen und die folgenden Vorschläge werden die Regenwürmer aus ihrem natürlichen Lebensraum herausgenommen. Achten Sie darauf, dass die Tiere im Anschluss an die kurze Durchführung der Vorschläge gleich wieder zurück in die Erde gesetzt werden.

Vorschlag 4: **Sehende Regenwürmer**

Material: Plastikflasche • Filter- oder Löschpapier • Sprühflasche mit Wasser • Papier • Schere • Kleber • Taschenlampe • Regenwurm
Anzahl der Kinder: Beliebig
Vorbereitungszeit: 20 Minuten
Durchführungszeit: 30 Minuten

Vorbereitung Schneiden Sie den Boden der Flasche ab. Aus dem Papier schneiden Sie einen Streifen, den Sie als Manschettenring um die Flasche legen und dann so zusammenkleben, dass er sich leicht verschieben lässt. Dies ist die Verdunkelung für das Flascheninnere. Aus dem Löschpapier schneiden Sie einen Streifen, der von unten in die Flasche passt.

Durchführung Der Löschpapierstreifen wird mit der Sprühflasche angefeuchtet. Ein Kind setzt den Regenwurm auf das feuchte Papier und schiebt es von unten in den dunklen Teil der liegenden Flasche. Nun wird die Manschette verschoben. Sobald ein Stück des Regenwurms aus der Verdunkelung herausschaut, wird er von der Seite her mit der Taschenlampe angeleuchtet.

Was passiert? Der Regenwurm zieht sich stets in den dunklen Teil der Flasche zurück. Wird das Vorderende des Wurms mit Licht bestrahlt, reagiert er mit Einziehen des Vorderendes.

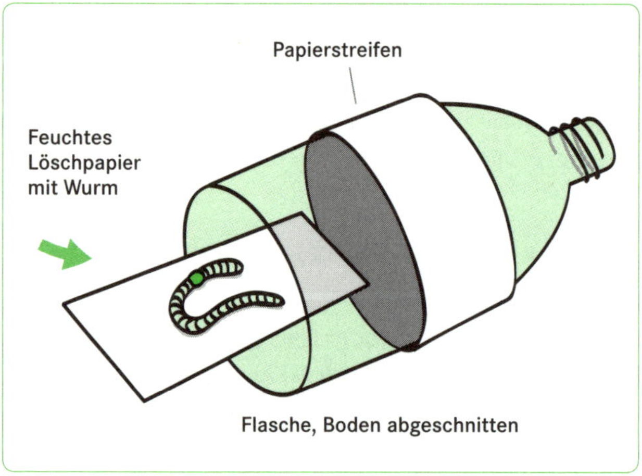

Der Wurm wird auf dem Löschpapier bis zum dunklen Teil der Flasche geschoben.

Erklärung Regenwürmer können auch ohne Augen Licht und Schatten unterscheiden. Sie besitzen in ihrer Haut Lichtsinneszellen. Die meisten dieser Zellen befinden sich am Vorder- und am Hinterende des Wurms. Helles Licht zeigt dem Wurm an, dass er sich in einer Umgebung befindet, die für ihn potenziell lebensgefährlich sein könnte: In der Sonne würde er rasch austrocknen und für seine Fressfeinde wäre er leichte Beute.

Vorschlag 5: **Riechen ohne Nase**

Material: Brettchen • Löschpapier • Sprühflasche mit Wasser • Wattestäbchen • Salatessig • Salz • Senf • Regenwurm • Trinkgläser • Wasser
Anzahl der Kinder: Beliebig
Vorbereitungszeit: 10 Minuten
Durchführungszeit: 50 Minuten

Vorbereitung Stellen Sie in Trinkgläsern verdünnte Lösungen von Essig, Salz und Senf her.

Durchführung Die Kinder legen Löschpapier auf ein Brettchen und feuchten es mit der Sprühflasche an. Auf diese Unterlage wird der Wurm gesetzt. Die Wattestäbchen werden in das Essig-, Salz- und Senfwasser getunkt. Die Kinder dürfen je ein Wattestäbchen an das Vorderende des Regenwurms halten. Vorsicht: Den Wurm dabei nicht berühren!

Was passiert? Weder Essig, Senf noch Salz „schmecken" dem Regenwurm, er zieht sein Vorderende ein und versucht, dem Stäbchen auszuweichen, sobald es ihm zu nahekommt.

Erklärung Das Salz trocknet die Haut des Wurms aus, Essigsäure und Senf können die empfindliche Haut regelrecht verätzen. Die Sinneszellen in der Haut des Tieres registrieren diese chemischen Stoffe und senden Signale aus, die den Wurm dazu veranlassen, sich von der vermeintlichen Gefahrenquelle abzuwenden.

Vorschlag 6: **Dick und dünn**

Material: Regenwurm • Essteller
Anzahl der Kinder: Beliebig
Vorbereitungszeit: Keine
Durchführungszeit: 15 Minuten

Durchführung Der Regenwurm wird auf den Teller gesetzt. Die Kinder beobachten, wie der Wurm kriecht.

Was passiert? Der Wurm ist einmal ganz lang und dünn, dann wird er kürzer und breiter.

Erklärung Mithilfe seiner Ring- und Längsmuskulatur kann sich der Wurm sowohl vorwärts als auch rückwärts bewegen. Das Zusammenziehen der Ringmuskeln am Vorderende bewirkt, dass die nachfolgenden Segmente dünner und länger werden. Die schräg nach hinten gerichteten Borsten verankern dabei die Segmente im Boden. Nun folgt ein von vorn nach hinten verlaufendes Zusammenziehen der Längsmuskeln, wodurch die Segmente wieder dicker und kürzer werden, was den Wurmkörper nach vorn bewegt.

Vorschlag 7: Regenwurmkonzert

Material: Regenwurm • Essteller • Stück Alufolie in der Größe des Tellers
Anzahl der Kinder: 2–3
Vorbereitungszeit: Keine
Durchführungszeit: 15 Minuten

Durchführung Ein Essteller wird mit Alufolie ausgelegt. Der Regenwurm wird auf die Alufolie gesetzt. Die Kinder halten ihr Ohr dicht an den Teller. Dann wird der Teller leicht schräg gehalten.

Was passiert? Der Wurm kriecht die Schräge hinauf. Durch die Bewegung knistert die Alufolie.

Erklärung Regenwürmer bewegen sich kriechend vorwärts. An ihrem Körper befinden sich Borsten, mit denen sie sich in den Boden einhaken können. In diesem Fall ist der Boden allerdings die Alufolie, die beim Kontakt mit den Borsten Geräusche macht.

Vorschlag 8: **Zu Tisch!**

Material: Gemüsereste • Verrottende Laubblätter • Sprühflasche mit Wasser • Blumentopf • Nylonstrumpf • Gummiband • Marmeladengläser • Postkarten • Blumenerde
Anzahl der Kinder: Beliebig
Vorbereitungszeit: 40 Minuten
Durchführungszeit: 50 Minuten

Vorbereitung Füllen Sie einen Blumentopf halbvoll mit Blumenerde. Geben Sie ein bis zwei Handvoll verrottendes Laub auf die Erde und legen Sie noch ein paar Gemüsereste mit hinein.

Durchführung Sammeln Sie mit den Kindern Asseln. Sie können dazu entweder ein Marmeladenglas über die Asseln stülpen und es dann vorsichtig mit einer darunter geschobenen Postkarte verschließen oder die Asseln mit einem weichen Pinsel in ein Glas fegen. Asseln sind sehr schnell, vielleicht müssen Sie sie deswegen selbst fangen.

Die Tiere werden nun in ihre vorübergehende Behausung, den Blumentopf gesetzt. Über den Topf ziehen Sie ein Stück Nylonstrumpf, das mit einem Gummiband festgezurrt wird. Befeuchten Sie die Erde alle zwei Tage mit der Sprühflasche.

Was passiert? Die Asseln fressen die Gemüsereste sowie das verrottende Laub.

Erklärung Kellerasseln gehören zu den Destruenten, den Entsorgern. Sie haben sich auf die Ernährung durch abgestorbene organische Substanz, den sogenannten Detritus spezialisiert.

Spaßtag 3:
Biologische Küchenhilfen

Wo kommt die Butter her?

Phänomen:
Säuerungsbakterien

Einbindung in die Bildungspläne

Die Bildungspläne der meisten Länder sehen die Beschäftigung mit Bakterien (Mikroorganismen) nicht explizit vor. Jedoch sollen sich die Kinder mit Lebensmitteln und ihrer Herstellung beschäftigen. Bei der Verarbeitung von Joghurtkulturen wird zwangsläufig auch das Thema Bakterien zur Sprache kommen.

Situationsbezug

Schauen Sie sich mit den Kindern Produkte an, die aus Milch gemacht sind: Joghurt, Butter, Sahne ... Der Joghurt schmeckt leicht sauer. Wie man einen ganzen Topf Milch sauer machen kann, erfahren die Kinder an diesem Spaßtag.

Was Sie für diese Vorschläge benötigen

- Topf mit Wärmedämmung (z. B. Wolldecke) oder Joghurtbereiter
- Thermometer bis 90 °C oder Joghurtthermometer
- Große Schüssel
- Naturjoghurt
- Marmeladengläser
- Einwegflasche aus Plastik
- Milch mit hohem Fettgehalt (*Bauernhof*) oder Schlagsahne
- Teelöffel
- Trichter
- Buttermilch
- Gabel
- Herdplatte
- Milchtopf
- Wasser

Grundwissen Biologie

Beim **Buttern** wird der fettreiche Teil der Milch, die Sahne, sehr lange geschlagen oder geschüttelt, also mechanisch bearbeitet. Die **Fettkügelchen** des **Milchfetts** werden hierbei zerstört, die Fetthülle bricht auf. Das Fett kann sich nun verkleben. Dabei werden Teile der Fetthüllen, Wasser und etwas **Milcheiweiß** eingeschlossen. Aus der flüssigen Emulsion „Fett in Wasser“ wird eine feste Emulsion „Wasser in Fett“. Das hierbei entstehende „Abfallprodukt“ ist die Buttermilch. Die Butter selbst wird schließlich zu einer homogenen, geschmeidigen Masse geknetet, die anschließend geformt und abgepackt werden kann.

Zur Gewinnung von **Joghurt** wird Milch mit **Säuerungskulturen** (Milchsäurebakterien einer Joghurtkultur) versehen. Bei Temperaturen von 30–40 °C können sich die Joghurtkulturen des Joghurts optimal in der Milch vermehren. Hierbei setzen die Milchsäurebakterien den **Milchzucker** in **Milchsäure** um. Ist die Milch sauer genug, so flockt nun das feste Milchprotein **Casein** aus der Milch aus: Die Milch gerinnt und wird „fest“.

Vorschlag 1: **Rahm schöpfen**

Material: Teelöffel • 1-Liter-Einwegflasche aus Plastik • 2 Liter Milch vom Bauernhof • Trichter
Anzahl der Kinder: 2–6
Vorbereitungszeit: 1 Tag vorher: 10 Minuten
Durchführungszeit: 15 Minuten

Vorbereitung Gießen Sie die Milch in eine große Schüssel und stellen Sie diese am Vorabend der geplanten Durchführung in den Kühlschrank. Die Schüssel muss mindestens 12 Stunden stehen.

Durchführung Sie stecken einen Trichter in den Flaschenhals und die Kinder schöpfen mit den Teelöffeln den oberen Teil der Milch aus der Schüssel in die Flasche.

Was passiert? Die Milch hat sich in zwei deutlich unterschiedliche Phasen getrennt. Die obere Schicht kann nun – anders als bei der Milch aus dem Geschäft – problemlos abgeschöpft werden.

Schüssel mit Milch, bei der sich der Rahm abgesetzt hat.

Erklärung Lässt man die Milch stehen, so sammelt sich der fettreiche Anteil, also der Rahm oder die Sahne, an der Oberfläche an. Die Sahne kann durch Abschöpfen gewonnen werden, da sie aufgrund des Milchfetts eine geringere Dichte im Vergleich zur verbleibenden Magermilch aufweist.

Bei homogenisierter Milch erfolgt allerdings keine Trennung, da durch die Homogenisierung die Fetttröpfchen so weit zerkleinert und so fein in der Milch verteilt sind, dass ein „Aufrahmen“, also eine Trennung nach dem Homogenisieren, nicht mehr stattfinden kann.

Vorschlag 2: **Butter machen**

Material: 1-Liter-Einwegflasche aus Plastik • Trichter • Rahm in Flasche (aus Vorschlag 1) • Buttermilch • Gabel
Anzahl der Kinder: 2–6
Vorbereitungszeit: Keine
Durchführungszeit: 20 Minuten, plus lange Ruhezeiten

Durchführung Zum Rahm in der Flasche geben die Kinder mit Hilfe des Trichters zwei Esslöffel Buttermilch und schütteln kurz durch. Danach muss die Flasche sechs Stunden bei Zimmertemperatur stehen und drei weitere im Kühlschrank, bevor weitergearbeitet werden kann. Nach dieser Ruhezeit schütteln die Kinder die Flasche reihum ungefähr zehn Minuten lang.

Was passiert? Ein Teil des Inhalts der Flasche ist vergrieselt. Außerdem hat sich eine wässrige, milchweiße Flüssigkeit gebildet.

Erklärung Durch das Schütteln wurden die Fettkügelchen in der Sahne zerstört (siehe Grundwissen). Es haben sich Buttergriesel und Molke gebildet. Die Kinder können die Flüssigkeit nun abgießen, indem sie den vergrieselten Inhalt mit einer Gabel zurückhalten.

TIPP **Wenn Sie jedem Kind ein Stück Butter geben wollen, so reichen 2 Liter Milch für 4 Kinder. Sie können auch schnelle Butter machen. Schlagen Sie mit einem Küchenmixer einen Becher Sahne solange, bis sie klumpt.**

Vorschlag 3: Joghurt selbstgemacht

Material für jedes Kind: Marmeladenglas • Für die Gruppe: Herdplatte • Milchtopf • Joghurtbereiter oder großer Topf und Wolldecke • 1 l Milch • Naturjoghurt (Haltbarkeitsfrist mindestens 14 Tage) • Wasser
Anzahl der Kinder: 3–4
Vorbereitungszeit: 4 Stunden
Durchführungszeit: 5 Stunden

Vorbereitung Erhitzen Sie die Milch zwei Stunden vor Beginn des Spaßtags auf 85 °C und lassen Sie sie anschließend eine Stunde lang bei 70 °C stehen. Danach kühlen Sie sie im Wasserbad langsam auf 45 °C ab.

Durchführung Die Kinder verrühren den gekauften Joghurt im Becher. Dann wird der Joghurt in die Milch eingerührt. Jedes Kind erhält nun Joghurtrohmasse für sein Glas, das nach dem Befüllen gut verschlossen wird. Nun werden die Gläser für vier Stunden in den Joghurtbereiter gestellt. Wenn kein Joghurtbereiter vorhanden ist, werden die Gläser in ein Wasserbad von 30–40 °C gestellt und mit einer Wolldecke gegen Wärmeverlust und Temperaturschwankungen geschützt.

Was passiert? Die Milch wird innerhalb der nächsten Stunden dick und säuerlich.

Erklärung Bei diesen Temperaturen können sich die Joghurtkulturen optimal in der Milch vermehren. Die Milchsäurebakterien setzen den Milchzucker in Milchsäure um. Wenn die Milch sauer geworden ist, flockt das Milchprotein Casein aus der Milch aus: Die Milch gerinnt.

TIPP **Selbstgemachter Joghurt hält sich nur sieben Tage lang im Kühlschrank.**

Spaßtag 4:
Durstige Pflanzen

Was essen und trinken die Pflanzen?

Phänomen:
Kapillarkräfte

Einbindung in die Bildungspläne

In allen Bildungsplänen finden sich zahlreiche Bezüge zum Thema dieses Spaßtags – sie reichen vom Oberbegriff Ernährung bis zum Thema Umweltschutz.

Situationsbezug

Gießen Sie mit den Kindern die Pflanzen in der Einrichtung oder die Kübelpflanzen auf dem Hof. Warum brauchen die Pflanzen Wasser? Brauchen alle Pflanzen gleich viel? Wie kommt das Wasser in die Pflanze? All diese Fragen werden mit diesem Spaßtag weitgehend beantwortet.

Was Sie für diese Vorschläge benötigen

- Backofen
- Gläser, Vasen
- Stumpfe Messer
- Kernausstecher
- Großen, breiten Topf mit Deckel
- Stethoskop
- Gefrierbeutel
- Klebeband
- Lebensmittelfarbe
- Vitamin C-Pulver
- Topfpflanze
- Früchte: Äpfel, Birnen, Bananen, Aprikosen
- Trockenerbsen
- Esslöffel
- Pflanzenöl
- Zucker
- Popcorn
- Weiße Tulpe
  (alternativ: Fleißige Lieschen oder Alpenveilchen)
- Bindfaden
- Watte
- Kressesamen
- Blumentopfuntersetzer
- Sprühflasche
- Wasser
- Backblech
- Backpapier
- Schale, Schüssel
- Blechuntersetzer

Grundwissen Biologie

Alle Lebewesen bestehen zu 50–95 % aus Wasser und müssen daher ausreichende Mengen Wasser trinken. Wasser dient nicht nur als Transportmittel, Lösungsmittel (beispielsweise von Mineralstoffen) oder Kühlmittel, sondern ist als Reaktionspartner an biochemischen Reaktionen im Stoffwechsel beteiligt.

Pflanzen nehmen die Nährstoffe, die sie zum Wachstum benötigen, über Wasser und Luft auf. Ein wichtiger Stoff ist hierbei der **Zucker**. Er wird mithilfe der **Photosynthese** hergestellt. Die Pflanzen besitzen einen perfekten „Sonnenenergiefänger“, nämlich den grünen Farbstoff **Chlorophyll**. Bei der Synthese nimmt die Pflanze über ihre Blätter Kohlenstoffdioxid (CO_2) und über die Wurzeln das Wasser auf. Mithilfe des Sonnenlichts und der Chlorophyll-Teilchen entstehen als Abfallprodukt **Sauerstoff**, den wir Menschen zum Leben benötigen und der Zucker, den die Pflanze als Energielieferanten benötigt.

Mit dem Zucker bauen sie nun alle anderen lebenswichtigen Stoffe wie z. B. Vitamine, Eiweiße und Fette auf.

Alle Lebewesen, die Sauerstoff einatmen und Kohlenstoffdioxid ausatmen, befinden sich in einer symbiotischen Lebensgemeinschaft mit Pflanzen.

Vorschlag 1: **Blaue Tulpen**

Material: Weiße Tulpe (alternativ: Weiße Alpenveilchen oder Fleißige Lieschen) • Glas Wasser • Lebensmittelfarbe
Anzahl der Kinder: Beliebig
Vorbereitungszeit: Keine
Durchführungszeit: 1–2 Stunden

Durchführung Eines der Kinder darf Lebensmittelfarbe in ein Glas Wasser geben und verrühren. Schneiden Sie von der Blume unten ein Stück ab und entfernen Sie die Blätter. Anschließend stellt ein Kind die Blume ins Wasser. Immer wieder schauen die Kinder, ob Veränderungen an der Blume zu entdecken sind.

Was passiert? Die Blütenblätter sind durch die Lebensmittelfarbe eingefärbt.

Erklärung Die Pflanze saugt das Wasser durch die „Trinkhalme“ (Kapillaren) im Stängel nach oben bis in die Blüten. Ist das Wasser gefärbt, wandert natürlich auch der Farbstoff mit.

Vorschlag 2: **Den Baum belauschen**

Material: Stethoskop
Anzahl der Kinder: Beliebig
Vorbereitungszeit: Keine
Durchführungszeit: 20 Minuten

Durchführung Im Park oder im Wald lassen Sie die Kinder reihum mit einem Stethoskop einen Baum abhören.

Was passiert? Ein leises Rauschen ist zu hören.

Erklärung Das Wasser steigt aus den Wurzeln in die Äste und Blätter. Besonders gut hört man das Wasser in jungen Birken, da sie noch eine dünne Rinde haben. Die beste Jahreszeit zur Durchführung dieses Vorschlags ist der Frühling, denn dann ziehen die Bäume literweise Wasser aus dem Erdreich bis in die Baumkrone.

Vorschlag 3: Schwitzende Pflanzen

Material: Gefrierbeutel • Topfpflanze • Bindfaden • Klebeband
Anzahl der Kinder: Beliebig
Vorbereitungszeit: Keine
Durchführungszeit: 20 Minuten

Durchführung Die Kinder hüllen den blättrigen Teil einer beliebigen Topfpflanze in einen transparenten Gefrierbeutel, den Sie am Stängel der Pflanze zubinden. Stellen Sie die Pflanze an einen möglichst sonnigen Platz. Streifen Sie nun auch jedem Kind einen Gefrierbeutel über einen Arm. Verschließen Sie die Öffnung des Beutels mit Klebeband so, dass möglichst keine Luft in den Beutel gelangen kann.

Was passiert? Nach wenigen Minuten empfinden die Kinder den Beutel als unangenehm. Die Haut darunter ist feucht geworden. An der Pflanze hingegen hat sich noch nichts getan. Aber nach ca. 4 Stunden sind feine Wassertropfen im Beutel zu bemerken.

Erklärung Unter einer Plastikhülle fängt die Haut an zu schwitzen, da das verdunstende Wasser nicht aus der Tüte entweichen kann. Aber nicht nur Menschen oder Tiere können schwitzen, auch bei den Pflanzen verdunstet ständig Wasser über winzige Öffnungen in den Blättern an die Außenluft. Deshalb muss das Wasser ersetzt werden. Durch die Verdunstung entsteht au-

Die Pflanze gibt auch Wasser an ihre Umgebung ab.

ßerdem ein Sog, der bewirkt, dass Wasser zusammen mit den Mineralstoffen nach oben steigen kann. Eine große Birke vermag an einem heißen Sommertag bis zu 400 Liter Wasser zu verdunsten. Diese Wasserabgabe kühlt die Pflanze ab und verhindert eine lebensbedrohende Erhitzung bei heißer und trockener Witterung.

Erklärung In Früchten wird sehr viel Wasser gespeichert, sie haben einen Wasseranteil von bis zu 90 %. Darin sind wichtige Nährstoffe enthalten, z. B. Vitamine und Mineralstoffe.

Vorschlag 4: **Kresse säen**

Material für jedes Kind: Watte • Kressesamen • Blumentopfuntersetzer • Wasser in einer Sprühflasche
Anzahl der Kinder: Beliebig
Vorbereitungszeit: Kleine
Durchführungszeit: 20 Minuten und 2–3 Tage

Durchführung Dass aus Samen wieder Pflanzen werden und welche Bedeutung das Wasser dabei hat, können Sie mit den

Kindern testen. Dazu bekommt jedes Kind einen Untersetzer, etwas Watte und Kressesamen. Die mit der Sprühflasche angefeuchtete Watte wird in den Untersetzer gelegt. Darauf geben die Kinder ein Paar Samen und sprühen noch etwas Wasser darüber. Die Untersetzer sollten an einem sonnigen Ort stehen und die Watte muss immer feucht aber nicht nass gehalten werden. Stellen Sie auch einen Untersetzer dazu, auf dem sich nur trockene Watte und Kressesamen befinden.

Die ausgekeimte Kresse.

Was passiert? Am Tag des Säens ist noch nichts zu sehen. Am darauffolgenden Tag sind die Samen auf der feuchten Watte von einer dünnen, glitschigen Schicht umgeben und haben auch schon erste Triebe. In den nächsten Tagen wachsen sie immer mehr, bis sie schließlich, etwa am vierten Tag, geerntet werden können. In der Schale ohne Wasser passiert nichts.

Erklärung Jedes Samenkorn enthält einen Keimling und Nährstoffe. Zunächst wird Wasser aufgenommen, der Samen quillt. Die Nährstoffe werden aufgebraucht, sie ernähren den Keimling und machen ihn somit unabhängig. Die Pflanze kann sich erst selbständig ernähren, wenn sie Wurzeln und grüne Blätter hat.

Vorschlag 5: **Trockenobst**

Material: Backofen • Stumpfe Messer • Kernausstecher • Früchte, z. B. Äpfel, Birnen, Bananen, Aprikosen • Schale mit Wasser • Esslöffel Vitamin C-Pulver • Backblech • Backpapier
Anzahl der Kinder: Beliebig
Vorbereitungszeit: 5 Minuten
Durchführungszeit: 50 Minuten– 10 Stunden

HINWEIS **Der folgende Vorschlag eignet sich besonders für ein Übernachtungswochenende in der Einrichtung, da das Trockenobst recht lange im Backofen trocknen muss.**

Vorbereitung Lösen Sie etwa einen halben Teelöffel Vitamin C-Pulver in einem halben Liter Wasser auf. Stellen sie diese Lösung in der Schale bereit.

Durchführung Die Kinder waschen das Obst gründlich. Dann stechen sie die Kerngehäuse aus den Äpfeln aus und schneiden diese mit Ihrer Hilfe anschließend in Ringe. Die Birnen werden zu Schnitzen geschnitten, die Bananen in Scheiben. Die Obstscheiben und -stücke sollten nicht dicker als 1 cm sein. Nun werden sie von den Kindern kurz in der Schale mit der Vitamin C-Lösung geschwenkt, auf etwas Küchenkrepp getrocknet und anschließend auf dem Backblech ausgebreitet. Dieses sollte vorher mit Backpapier ausgelegt werden.

Nun werden die Früchte im Backofen bei ca. 70 °C 10 Stunden lang getrocknet. Sie sollten sie ab und zu umwenden, denn an den Stellen, an denen das Obst aufliegt, ist es feuchter als oben. Falls Sie keinen Umluftherd verwenden, muss die Backofentür einen Spalt offen bleiben, damit Wasserdampf entweichen kann.

Was passiert? Nach den 10 Stunden im Backofen ist das Obst sehr leicht geworden, es ist Trockenobst entstanden.

Erklärung Früchte enthalten bis zu 90 % Wasser. Trockene Früchte verderben und verschimmeln nicht so schnell wie ungetrocknete und können bis zu einem Jahr lang aufbewahrt werden, denn die Hitze entzieht dem Gewebe das Wasser, die Lebensgrundlage der Mikroorganismen. Eine Restfeuchte von 13–14 % bleibt in den getrockneten Früchten, was jedoch vollkommen zur Konservierung ausreicht, denn Bakterien verdursten buchstäblich, sobald der Wassergehalt unter 35 % sinkt. Schimmelpilze werden oft erst bei weniger als 15 % inaktiv.

Vorschlag 6: Schlagzeug mit Erbsen

Material: Trockenerbsen • Glas • Blechuntersetzer • Wasser
Anzahl der Kinder: Beliebig
Vorbereitungszeit: Keine
Durchführungszeit: 20 Minuten

Durchführung Die Kinder füllen ein Glas randvoll mit Trockenerbsen und schütten so viel Wasser darüber wie möglich. Das Glas wird auf einen Blechuntersetzer gestellt.

Was passiert? Erbsen fallen nach einiger Zeit aus dem Glas auf den Blechuntersetzer und verursachen so ein Klopfgeräusch.

Erklärung Auch die getrockneten Erbsen können Wasser aufnehmen – sie quellen. Dadurch werden sie größer, haben keinen Platz mehr im Glas und fallen über den Rand auf den Blechuntersetzer. Dieser Vorgang sorgt für das fortwährende Klopfen.

TIPP Lassen Sie die Kinder diesen Vorschlag einer anderen Gruppe als Streich spielen. Das Glas auf dem Untersetzer wird in einem Schrank versteckt. Die Personen, die sich im betreffenden Raum aufhalten, versuchen natürlich herauszufinden, woher das Klopfen kommt.

Vorschlag 7: Popcorn – Raketenstart im Kochtopf

Material: Großer, breiter Topf • 2 Esslöffel Pflanzenöl • Esslöffel Zucker • Dreiviertel Tasse Popcorn • Schüssel
Anzahl der Kinder: 2–6
Vorbereitungszeit: Keine
Durchführungszeit: 40 Minuten

Durchführung Zunächst wird das Öl mit dem Zucker erhitzt, wodurch der Zucker karamellisiert. Nun werden die Maiskörner hinzugegeben – und zwar maximal eine Lage hoch. Der Deckel wird auf den Topf gesetzt und so geschüttelt, dass sich das Öl um sämtliche Körner verteilt. Dann wird weiter erhitzt. Den Topf bei geschlossenem Deckel noch mehrmals schütteln.

Was passiert? Nach einigen Minuten können die Kinder hören, wie die Maiskörner an den Topfdeckel poppen.

Erklärung Obwohl die Maiskörner staubtrocken aussehen, enthalten sie noch Wasser. Bei Temperaturen über 100 °C verdampft es, das Korn platzt mit dem für die Zubereitung typischen Popp-Geräusch und wird vom verdampfenden Wasser wie eine Rakete in Richtung Topfdeckel vorwärtsgetrieben.

Spaßtag 5:
Die Sinne der Pflanzen

Können Blumen sehen?

Phänomen: ***Einfluss von Licht, Temperatur und Berührung***

Einbindung in die Bildungspläne

Naturbeobachtungen und Beobachtungen an Pflanzen werden in allen Bildungsplänen gefordert und vorgeschlagen. Da es an diesem Spaßtag auch um Pflanzen, Wachsen und Ernten der Nutzpflanze Kartoffel geht, ergeben sich weitere Bezüge zum Themenkomplex Nahrung und Lebensmittel.

Situationsbezug

Dieser ergibt sich beispielsweise über die Frage, woher die Blumen wissen, wann sie ihre Blüten morgens öffnen und abends schließen sollen.

Vielleicht haben Sie sich mit den Kindern schon einmal eine Ackerwinde angeschaut. Woher weiß die Winde, um welche Pflanze sie sich ranken kann? Thema dieses Spaßtags sind also die Sinne einer Pflanze sowie die Reaktion einer Pflanze auf Reize. Leider geschieht im Reich der Pflanzen nichts besonders schnell: Das Öffnen und Schließen von Blüten dauert Stunden. Damit jedoch auch an diesem Spaßtag etwas „action“ stattfindet, experimentieren die Kinder mit einer ganz besonderen Pflanze, der Venusfliegenfalle. Diese Pflanze ernährt sich von Insekten und kann sich unglaublich schnell bewegen.

Was Sie für diese Vorschläge benötigen

- Stumpfe Messer, Küchenmesser
- Zeitungspapier
- Plastikteller
- Putzeimer
- Kompost- oder Blumenerde
- Holzspäne
- Sprühflasche, Gießkanne, Wasser
- Schälmesser, feine Küchenreibe
- Schüssel und flache Schale
- Küchentuch oder feines Sieb
- Plastikschale
- Erde, Hochmoortorf, Keimbohnen, Multisubstrat
- Schuhkarton ohne Deckel
- Zimmerpflanze mit großen Blättern, Gänseblümchen
- Bleistift, Schere, schwarzen Karton, Klebeband
- Venusfliegenfallen (Dionaea muscipula)
- Destilliertes Wasser
- Äpfel, Möhren, Bio-Kartoffeln
- Altes Aquariumbecken
- Blumentopf, Blumentopfuntersetzer
- Schaufel
- Spankörbchen/Plastiktüte
- Kühlschrank
- Watte

Grundwissen Biologie

Pflanzen nehmen über **Sinneszellen Reize** wahr, z. B. **Licht** und die **Erdanziehung**. Sie reagieren darauf – mit Bewegungen, die natürlich sehr langsam sind. Die bekanntesten dieser Pflanzenbewegungen sind die **Tropismen**. Hierbei wendet sich ein Pflanzenteil der Reizursache zu. Genauer gesagt ist dies ein **positiver Tropismus**. Wendet sich dagegen der Stiel ab, handelt es sich um einen **negativen Tropismus**. Tropismen verändern eine Pflanze langfristig, da Tropismen meist mit dem Wachstum von Pflanzenteilen verbunden ist. Meist wächst die lichtzugewandte Seite dieses Pflanzenteils schneller als die andere, wodurch es zu Krümmungen kommt. Beispiele sind sich krümmende Stängel und Wurzeln einer Pflanze.

Entscheidend für die **Lichtwahrnehmung** ist jedoch nicht die Lichtrichtung, sondern der **Helligkeitsunterschied** zwischen Licht- und Schattenseite.

Die Reaktion auf **Berührung** kann an der Venusfliegenfalle beobachtet werden. Dies ist im Gegensatz zu den Reaktionen, die mit Wachstumsvorgängen verbunden sind, eine sekundenschnelle Reaktion auf einen Reiz.

Bäume in Hanglagen wachsen nicht etwa „schief" aus dem Boden. Hier ist der Reiz die **Erdanziehung,** auf den die Pflanzen reagieren und so an einem Hang aufrecht wachsen, indem sie sich nach oben krümmen.

Die **Kartoffel** vermehrt sich **vegetativ:** Dies ist eine Form der **ungeschlechtlichen Vermehrung** von Pflanzen. Die Tochtergeneration unterscheidet sich in ihrem genetischen Material daher nicht von der Muttergeneration.

Die Pflanzenzucht nutzt dies aus, denn auf diese Weise können bestimmte Eigenschaften der Pflanze garantiert werden: Widerstandsfähigkeit gegen bestimmte Krankheiten, Nährstoffgehalt usw. Der Nachteil dieser Art von Pflanzenzucht besteht allerdings darin, dass sich geklonte Pflanzen bei Veränderungen der Umwelt nicht an die neuen Bedingungen anpassen können.

Vorschlag 1: **Die Schatzsuche in der Kartoffel**

Material: Kartoffeln • Küchenmesser
Anzahl der Kinder: Beliebig
Vorbereitungszeit: 30 Minuten
Durchführungszeit: 10 Minuten

Vorbereitung Kaufen Sie einige Kartoffeln beim Bio-Bauern. Kartoffeln aus dem Supermarkt eignen sich meist nicht, denn sie sind oft gegen das Auskeimen behandelt. Am besten sind Kartoffeln mit vielen sogenannten Augen oder gar Trieben. Fragen Sie nach Exemplaren, die für das Auskeimen geeignet sind.

Kartoffelknollen mit Trieben.

Durchführung Fordern Sie die Kinder auf, nach dem Kern oder Samen der Kartoffel zu suchen. Dazu schneiden die Kinder mit einem Messer die rohe Kartoffel durch.

Was passiert? Die Kartoffel hat weder Kern noch Stein noch Samen.

Erklärung Die Kartoffel ist keine Frucht wie z. B. die Tomate, aber auch keine Wurzel, wie Zuckerrübe oder Möhre. Sie ist eine sogenannte Knolle, die sich an einem unterirdischen Spross, also nicht an der Wurzel bildet. Sie enthält vor allem Stärke und Eiweiß und dient der Vermehrung. Außerdem bildet die Kartoffelpflanze natürlich auch Samen in den oberirdischen Blüten, wodurch sie sich auch geschlechtlich vermehren kann.

Vorschlag 2: Kartoffeln keimen lassen

Material: Kartoffeln • Zeitungspapier • Plastikteller
Anzahl der Kinder: Beliebig
Vorbereitungszeit: Keine
Durchführungszeit: 10 Minuten

Durchführung Die Durchführung dieses Vorschlags wird am besten auf einen Freitagnachmittag gelegt, damit die Kartoffeln das Wochenende über Zeit zum Keimen haben. Die Kinder suchen in der Einrichtung nach einem Platz dafür: Manche werden sich für die Fensterbank entscheiden, andere womöglich für einen dunklen Schrank. Die Kartoffeln werden dort auf den Plastikteller gelegt. Einige der Kartoffeln können zusätzlich in Zeitungspapier gewickelt werden.

Was passiert? Die Kartoffeln, die an einem hellen und warmen Standort gelegen haben, sind etwas schrumpelig geworden und haben Triebe entwickelt. Sollte dies noch nicht der Fall sein, muss die Kartoffel noch ein wenig liegenbleiben. Die Kartoffeln, die dunkel und kühl gestanden haben, sind noch unverändert. Doch auch sie keimen nach einiger Zeit aus.

Erklärung Durch Wärme wird die Keimung in Gang gesetzt. Die Triebe wenden sich dem Licht zu. Kartoffeln keimen auch im Dunklen, z.B. im Keller. Bekommen sie kein Licht, bleiben die Triebe weiß, mit Licht färben sie sich grün. Bei der Keimung werden Wasser und Stärke verbraucht, deshalb werden die Kartoffeln kleiner und schrumpelig. Hier wird auch deutlich, dass die Triebe keine Wurzeln sind, sondern Sprossen. Die Wurzeln entwickeln sich später.

Vorschlag 3: **Kartoffeln pflanzen**

Material: Kartoffeln • Küchenmesser • Putzeimer 10 l • Komposterde oder Blumenerde • Holzspäne • Gießkanne • Wasser
Anzahl der Kinder: Beliebig
Vorbereitungszeit: Keine
Durchführungszeit: 20 Minuten, plus Keim- und Wachstumszeit

Durchführung Die Kinder füllen in die Eimer eine 10-cm-Schicht Komposterde, in die ein oder zwei Kartoffeln gelegt werden. Auf die Kartoffeln kommt wieder eine Schicht Erde, die mit Holzspänen gemischt wird. Anschließend stellen sie die Eimer im Außengelände, in der Nähe des Fensters, auf einem Balkon oder im Flur auf.

Wenn die Kartoffeln gekeimt haben und das erste Grün zu sehen ist, wird immer wieder so viel Komposterde nachgefüllt, bis die Kartoffelpflanze gerade nicht mehr zu sehen ist. Dieses wird fortgesetzt, bis der Topf mit Erde und Holzspänen gefüllt ist. Die Erde sollte immer feucht, aber nicht nass gehalten werden.

Was passiert? Die Kartoffel setzt an jeder Stelle, die mit frischer Erde gefüllt ist, eine Knolle an. So kommt eine Menge Kartoffeln zusammen, die für eine Mahlzeit reicht. Sie müssen mit etwa 100 Tagen bis zur Ernte rechnen: Die Erntereife erkennen Sie übrigens daran, dass das Kartoffellaub vergilbt. Dann ist es Zeit, den Eimer zu leeren und nach den Kartoffeln zu suchen.

Erklärung Die Knolle dient als Energiespeicher und als Organ der ungeschlechtlichen Vermehrung. Die Keimung der Laubtriebe erfolgt an den sogenannten Augen der Knolle. Die Durchmischung der Erde mit Holzspänen ist notwendig, da die Kartoffel bei zu viel Nässe rasch fault.

TIPP Falls Sie nach einer besonderen Überraschung für diesen Spaßtag suchen, so fragen Sie in der Gärtnerei oder auf dem Wochenmarkt nach der Kartoffelsorte „Viola". Diese Kartoffeln sind unter der Pelle lilafarben und bekommen lilafarbene Triebe. Da es sich um einen Langzeitversuch handelt, ist es vielleicht sinnvoll, den Kindern vor dem Bepflanzen einen bereits erntereifen Eimer mit Kartoffeln zu einem Ernteeinsatz zu überlassen, den Sie ca. vier Monate vorher angezüchtet haben. Neue Eimer können dann nach der Ernte bestückt werden. Die vorangegangene Ernte steigert natürlich die Spannung der Kinder auf die Ausbeute ihrer Eimer.

Vorschlag 4: **Kartoffeln machen stark**

Material: 3 Kartoffeln • Schälmesser • Feine Küchenreibe • Schüssel • Wasser • Küchentuch oder feines Sieb • Flache Schale • Kleines Leinentuch
Anzahl der Kinder: Beliebig
Vorbereitungszeit: 10 Minuten
Durchführungszeit: 10 Minuten, plus 4 Stunden Wartezeit

Vorbereitung Schälen Sie die Kartoffeln.

Durchführung Reiben Sie die geschälten Kartoffeln in eine Schüssel und geben Sie dann etwas Wasser zu dem Brei. Die Kinder können die Masse durch das Küchentuch oder das Sieb pressen. Die ausgepresste Flüssigkeit fangen Sie in der flachen Schale auf und lassen sie ca. vier Stunden stehen.

Was passiert? Es setzt sich ein weißer Stoff ab – die Stärke. Wenn das Wasser verdunstet ist, bleibt ein weißes Pulver in der Schale zurück.

Erklärung Mit Stärke speichern Pflanzen in ihren Zellen überschüssige Energie als Reserve. Die Stärke ermöglicht eine kompakte Speicherung von Zucker ohne Wasser. Durch das Reiben werden die Zellen der Kartoffeln zerstört und das Wasser wäscht die Stärke heraus.

Vorschlag 5: **Pflanzen brauchen Licht zum Wachsen**

Material: Plastikschale • Erde • Keimbohnen • Schere • Schuhkarton ohne Deckel • Wasser
Anzahl der Kinder: 4–6
Vorbereitungszeit: Keine
Durchführungszeit: 15 Minuten, plus mehrere Tage Beobachtungszeit

Durchführung Einige Kinder füllen die Plastikschale mit Erde, etwa daumenhoch. Dann verteilen die Kinder die Bohnen darauf und drücken sie ca. 1 cm in die Erde. Anschließend müssen die Bohnen gegossen werden. Danach schneiden Sie ein Loch in eine Seitenwand des Schuhkartons und stülpen ihn über die Schale. Gießen Sie die Bohnen mehrmals in der Woche. Be-

Die Bohne kommt in die Erde.

obachten Sie mit den Kindern das Wachstum der Pflanzen, indem Sie den Karton hin und wieder hochheben.

Was passiert? Die Pflanzen wachsen alle in die Richtung des Lichts, das durch das Loch des Schuhkartons fällt.

Erklärung Sowohl die Schwerkraft als auch das Licht haben Einfluss auf die Wachstumsrichtung der Pflanzen. Pflanzen nutzen die Energie des Lichts, um Photosynthese betreiben zu können, denn ohne diesen Stoffwechselvorgang können sie nicht leben. Die Pflanzen verfügen deshalb über Rezeptoren, mit denen sie die Richtung, aus der das Licht kommt, bestimmen können.

Vorschlag 6: **Bleiche Blätter**

Material: Zimmerpflanze mit großen Blättern • Schwarzer Karton • Schere • Klebeband
Anzahl der Kinder: Beliebig
Vorbereitungszeit: 10 Minuten
Durchführungszeit: 10 Minuten, plus 7 Tage Wartezeit

Vorbereitung Schneiden Sie aus schwarzem Tonkarton zwei rechteckige Stücke. Sie sollten groß genug sein, um ein Blatt der Zimmerpflanze vollständig zu bedecken.

Durchführung Sie legen das Pflanzenblatt, ohne es von der Pflanze abzureißen, zwischen die beiden Kartonstücke und kleben diese mit dem Klebeband so um das Blatt herum, dass kein Sonnenlicht mehr daran kommen kann. Nun muss 7 Tage lang gewartet werden.

Was passiert? Das Blatt ist ganz blass geworden oder bereits abgestorben.

Erklärung Das Blatt benötigt den grünen Farbstoff Chlorophyll, um Zucker zu produzieren, den es zum Leben braucht. Chlorophyll bildet sich allerdings nur mit Sonnenlicht. Fehlt das Sonnenlicht, so bildet sich der Farbstoff nicht aus und das Blatt verhungert.

Die abgeklebten Stellen werden bleich.

Vorschlag 7: **Schnappende Pflanzen**

Material: Venusfliegenfalle (Dionaea muscipula) • Destilliertes Wasser • Bleistift • Apfel • Hochmoortorf • Multisubstrat • Altes Aquariumbecken
Anzahl der Kinder: Beliebig
Vorbereitungszeit: 1 Tag
Durchführungszeit: 10 Minuten

Vorbereitung Besorgen Sie eine oder mehrere Venusfliegenfallen. Es gibt sie kostengünstig im Baumarkt. Pflanzen Sie die Pflanzen in ein ausgedientes Aquarium. Befüllen Sie das Aquarium zuerst mit einem Dränagezusatz, Multisubstrat, danach mit einer Schicht saurem Hochmoortorf. In diese Schicht setzen Sie die Pflanzen vorsichtig ein. Sie können das Becken nun noch mit Wurzelstücken dekorieren. Stellen Sie es an einen sehr sonnigen Ort. Am besten eignet sich ein Süd-Fenster. Halten Sie die Pflanzen immer feucht. Verwenden Sie kein Leitungswasser, sondern destilliertes Wasser oder Regenwasser. Legen Sie einen kleinen Apfelschnitz dazu. Er wird dafür sorgen, dass Fliegen, die Nahrung dieser Pflanzen, in das Becken gelockt werden.

TIPP **Pflegeinformationen finden Sie im Internet oder in Gärtnereien. Natürlich können Sie die Pflanze auch einfach im Topf lassen und sie nach Durchführung des Vorschlags an Interessenten verschenken.**

Durchführung Wenn Sie mit den Kindern die Pflanzen beobachten wollen, wird sich in dem Moment wohl keine Fliege in die Blätter der Pflanze verirren. Deshalb nehmen Sie einen Bleistift und berühren vorsichtig das Innere eines Blattes.

Was passiert? Je nachdem, wie hungrig die Pflanze ist, klappt sich das Blatt mit rasanter Geschwindigkeit zusammen.

Erklärung Die Venusfliegenfalle gehört zu den Carnivoren, den fleischfressenden Pflanzen. Sie ist die bekannteste ihrer Art. Am Ende eines jeden Blattes befindet sich der Fangapparat. Auf seinen Innenseiten sitzen drei kleine Fühlborsten. Die Blätter klappen bei Reizauslösung zusammen. Ist die Pflanze hungrig, so kann die Bewegung innerhalb von einer zwanzigstel Sekunde ablaufen. Die Pflanze produziert nun ein Sekret, das verdauliche Teile des gefangenen Insekts auflöst. Dieser Insektencocktail wird über Drüsen aufgenommen. Übrig bleibt der leere Chitinpanzer der Beute. Je nach Größe der Beute kann es Stunden und sogar Tage dauern, bis die Pflanze sie „aufgegessen" hat.

HINWEIS **Eine einzige Falle ist in der Lage, sich bis zu siebenmal zu schließen, danach stirbt sie ab. Deswegen sollten Sie unbedingt vermeiden, die Pflanze ständig künstlich zu reizen.**

Vorschlag 8: Gänseblümchen beim Mittagsschlaf

Material: Gänseblümchen • Blumentopf • Erde • Schaufel • Spankörbchen/Plastiktüte • Wasser
Anzahl der Kinder: Beliebig
Vorbereitungszeit: 30 Minuten
Durchführungszeit: 5 Minuten

Vorbereitung Vielleicht haben die Kinder schon einmal beobachtet, dass Gänseblümchen nachts schlafen, denn sie schließen über Nacht ihre Blüten. Woher wissen die Blumen, wann es dazu Zeit ist? Gehen Sie mit den Kindern auf eine Wiese oder in den Park und graben Sie zusammen Gänseblümchen aus. Zum Transport eignen sich Spankörbchen oder Plastiktüten. Pflanzen Sie das Gänseblümchen in der Einrichtung in einen Blumentopf und gießen Sie es gut an.

Durchführung Stellen Sie den Blumentopf am Mittag in einen abgedunkelten Raum – vielleicht dorthin, wo auch die Kinder ihren Mittagsschlaf halten.

Was passiert? Nichts. Die Blütenblätter bleiben am Mittag auch im dunklen Raum geöffnet.

Erklärung Anders als der Kartoffeltrieb reagieren die Blüten von Gänseblümchen, Krokussen oder Tulpen nicht auf Helligkeits-, sondern auf Temperaturunterschiede. Eine ausführliche Erklärung dazu folgt im nächsten Versuch.

Vorschlag 9: **Das gekühlte Gänseblümchen**

Material: Blumentopf mit Gänseblümchen aus dem vorigen Vorschlag • Kühlschrank
Anzahl der Kinder: Beliebig
Vorbereitungszeit: Keine
Durchführungszeit: 10 Minuten

Durchführung Die Kinder stellen den Blumentopf mit dem Gänseblümchen für zwei Stunden in den Kühlschrank.

Was passiert? Die Blütenblätter haben sich geschlossen.

Erklärung Eine Blume kann weder sehen noch besitzt sie eine innere Uhr. Stattdessen bevorzugt die Oberseite der Blütenblätter eine höhere Temperatur als die Unterseite, wodurch das Wachstum der beiden Seiten unterschiedlich beeinflusst wird. Wenn die Temperatur morgens steigt, wächst die Oberseite der Blütenblätter schneller als die Unterseite. Hierdurch öffnet sich die Blüte. Sinkt umgekehrt die Temperatur, so wächst die Oberseite langsamer als die Unterseite, wodurch es zum Schließen der Blüte kommt. Da diese Bewegungen vom Wachstum der Blütenblätter abhängig sind, verlängern sich die Blütenblätter bei jedem Öffnen und Schließen.

Vorschlag 10: **Möhren aus Resten**

Material: Möhren • Blumentopfuntersetzer • Watte • Wasser • Sprühflasche
Anzahl der Kinder: Beliebig
Vorbereitungszeit: Keine
Durchführungszeit: 10 Minuten; plus einige Tage Wartezeit

Durchführung Die Kinder knabbern die Möhren bis auf die Kappe ab. Der Blumentopfuntersetzer wird mit einer dünnen Watteschicht ausgelegt und mit Wasser gut befeuchtet. Die Kinder legen nun die Möhrenreste auf die Watte. Diese wird in den nächsten Tagen stets feucht gehalten.

Was passiert? Nach ein paar Tagen sprießen die ersten grünen Blättchen.

Erklärung Was von der Möhre gegessen wird, ist lediglich ein Stück der Wurzel. Ein Rest bleibt, in dem sich die Anlage für neues Grünzeug befindet. Sobald der Wurzelrest Wasser aufnimmt, kann die Pflanze neue Triebe bilden. Diese betreiben Photosynthese. Die neuen Pflänzchen könnten nun in einen Blumentopf mit Erde gesetzt werden. Mit etwas Glück wachsen daraus größere Pflanzen, die später blühen.

Spaßtag 6:
Leben in einem Ameisenhügel

Was machen die Ameisen im Dunkeln?

Phänomen:
Staatenbildende Insekten

Einbindung in die Bildungspläne

Grundsätzlich wird das Beobachten – auch von Insekten – in allen Bildungsplänen empfohlen. Speziell die Ameisen werden in diesem Zusammenhang mehrfach erwähnt.

Situationsbezug

Ameisen befinden sich überall: im Garten, auf Wegen und manchmal auch in Wohnungen. Vielleicht finden die Kinder eine Ameisenstraße im Park oder sie haben die Möglichkeit, im Wald einen Ameisenhügel zu beobachten.

Was Sie für diese Vorschläge benötigen

- Papier
- Apfel
- Reagenzglas mit Ameisenstaat (*Internetshop*)
- Reagenzglas mit Verschlusskappe
- Wattebausch
- Wasser
- Ytong-Stein (*Baumarkt*)
- Plexiglas
- Silikon-Kleber
- Schraubenzieher
- Bleistift
- Wurzelbürste
- Gipspulver
- Gipsbecher und Spatel
- Transparenten Schlauch
- Becken (Formicarium)
- Sand/Lehmboden
- Grobes Granulat
- Rote Klebefolie
- Flache Schale
- Honig
- Alufolie

Grundwissen Biologie

Staaten bildende Insekten nennt man jene Insekten, die sich aus Eigennutz „sozial" verhalten. Staaten bildende Eigenschaften zeigen sich zum Beispiel in der gemeinsamen Verteidigung, in Überwinterungs- und Schlafgemeinschaften, in der „Arbeitsteilung", bei der Fortpflanzung und vor allem in der Brutpflege. Beispiele für Insektenfamilien, die große Staaten bilden, sind Ameisen, Bienen und Termiten. Da sich die Staatenbildung bei ihnen unabhängig voneinander entwickelt hat, scheint sie eine erfolgreiche evolutionäre Strategie der Insekten zu sein.

Bienen können in einer Einrichtung nicht gehalten werden, daher bietet es sich an, die Staatenbildung der Ameisen in einem Langzeitversuch zu beobachten – mit einer **Ameisenfarm**. Dazu sollten Sie die folgenden Aspekte beachten.

Kaufen Sie die Tiere am besten bei speziellen Anbietern, deren Adressen im Internet zu finden sind. Sie können auf diese Weise sicher sein, keine geschützten Arten unerlaubterweise aus ihrem Lebensraum zu entfernen. Zudem sind die Tiere meist gesund und von Parasiten wenig befallen.

Es gibt sehr viele Ameisenarten. Entscheiden Sie sich für die heimische, oft vorkommende Art **Lasius Niger**. Diese Ameisenart verzeiht so manchen Fehler des Halters. Vom Kauf exotischer Arten sollten Sie dagegen unbedingt Abstand nehmen – diese Tiere sind möglicherweise aggressiv und an das Klima in Deutschland nicht angepasst. Auch sollten Sie bedenken, dass ein Ausbringen exotischer Arten unübersehbare Folgen für die heimische Flora und Fauna haben kann.

Da viele Hobby-Ameisenzüchter vor der Haltung von Blattläusen zurückschrecken, füttern sie ihre Ameisen mit Honigwasser – als Alternativlösung zu den Honigtautröpfchen, die von den Blattläusen abgesondert und von den Ameisen gemolken werden. Prinzipiell kann man den Ameisen Folgendes anbieten: Honigwasser und kleine Insekten (z. B. Fruchtfliegen), diese müssen jedoch vorher getötet und abgebrüht werden, um eine Übertragung von Parasiten zu verhindern.

Die Art Lasius Niger hält von Oktober bis März Winterruhe, daher sollten die Ameisen rechtzeitig in das Reagenzglasnest umgesiedelt werden, um im Kühlschrank zum Überwintern gelagert zu werden.

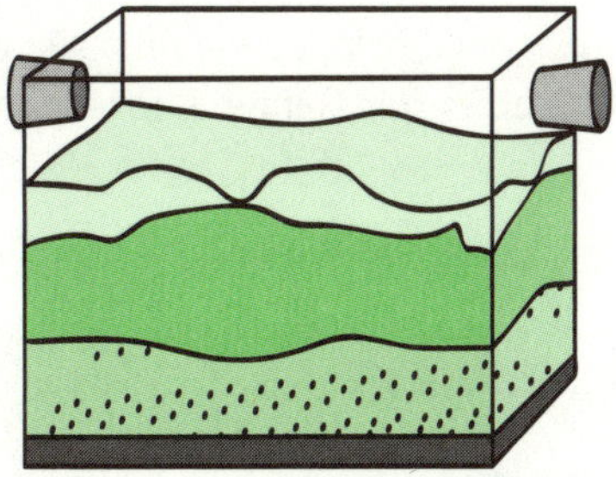

Mögliche Form einer Ameisenfarm für Anfänger.

Die Ameisenfarm ist ein geschlossenes Gefäß, das in der Regel aus zwei durchsichtigen parallelen Seitenplatten (mit wenigen Zentimetern Abstand zueinander) besteht. Die Füllung sollte ein zum Graben geeignetes Substrat sein. Dabei bietet sich vor allem eine Mischung aus Sand und Lehm an. Neben einer guten Schimmelresistenz wegen fehlender organischer Stoffe speichert dieses Gemisch gut die Feuchtigkeit und bildet eine sehr stabile Grundlage für den Bau von Gängen. Eine Ameisenfarm besteht aus ein bis drei Schichten. Eine Drainageschicht ist nicht zwingend notwendig, aber empfehlenswert. Sie sollte als unterste Schicht in Form einer Lage aus Tongranulaten eingebracht werden. Diese Schicht dient der Speicherung von Wasser, auch wird überflüssiges Wasser aufgefangen und so ein Versumpfen des darüberliegenden Substrats vermieden. Auf die Drainageschicht folgt die Nestschicht, also der eigentliche Nestbereich. Diese Schicht besteht aus einer Sand-Lehm-Mischung. Auf die Nestschicht kann eine dünne Schicht aus Ziersubstrat folgen. Einerseits lässt sie die Ameisenfarm gut aussehen, andererseits verbessert sie die Speicherung von Feuchtigkeit. Zu beachten ist, dass mindestens ein Zugang zur Nestschicht bestehen muss. Dieser kann durch kleine „Krater" oder Vertiefungen in der Zierschicht geschaffen werden. Das Gefäß darf nicht vollständig gefüllt sein, da die Ameisen oben auf der Zierschicht das beim Graben der Gänge anfallendes Bodenmaterial lagern.

Weitere Informationen erhalten Sie in den entsprechenden Foren im Internet.

Vorschlag 1: **Ameisenspur**

Material: Papier • Apfel
Anzahl der Kinder: Beliebig
Vorbereitungszeit: 30 Minuten
Durchführungszeit: 120 Minuten

Vorbereitung Um einen Ameisenhügel zu finden, müssen Sie viel Geduld aufbringen. Förster kennen ihr Revier allerdings sehr genau. Sie können Ihnen daher Auskunft geben, ob sich ein Ameisenhügel in begehbarer näherer Ungebung befindet. Auch gibt es mittlerweile viele Waldlehrpfade, die man gut zu Fuß erlaufen kann. Regionale Informationen hierzu finden sich garantiert auch im Internet.

Durchführung Suchen Sie mit den Kindern ein Ameisennest auf. Beobachten Sie dieses ein Weile. Sie werden bei genauem Hinsehen feststellen, das der ganze Hügel von Ameisen wimmelt. Legen Sie ein kleines Stück Apfel auf ein Blatt Papier in die Nähe des Nestes.

Was passiert? Nachdem die ersten Ameisen das Apfelstück gefunden haben, entsteht bald zwischen Nest und Apfelstück eine sogenannte Ameisenstraße.

Erklärung Die Ameise, die den Apfel findet, hinterlässt Duftspuren, denen die anderen Ameisen folgen.

HINWEIS Ameisenhaufen stehen unter Naturschutz. Die Kinder müssen wissen, dass sie weder hineintreten noch mit einem Stock darin herumstochern dürfen. Auch sollte vermieden werden, dass die Kinder auf Ameisen treten.

TIPP Sorgen Sie dafür, dass die Kinder bei diesem Waldausflug feste Stiefel oder Gummistiefel tragen.

Vorschlag 2: **Verwirrte Ameisen**

Material: Papier • Apfel
Anzahl der Kinder: Beliebig
Vorbereitungszeit: Keine
Durchführungszeit: 20 Minuten

Durchführung Nehmen Sie bei demselben Ausflug zum Ameisenhügel das Papier mit dem Apfel wieder fort und legen Sie es an eine andere Stelle, jedoch nicht zu weit von der ersten entfernt.

Was passiert? Obwohl das Obst nicht mehr da ist, folgen die Ameisen vorerst der vorigen Fährte.

Erklärung Die Ameisen folgen den Duftspuren, die bereits gelegt sind. Später, wenn eine größere Anzahl der Tiere die neue Lage des Apfels ausfindig gemacht hat, wird eine zweite, neue Duftspur angelegt, der zunehmend mehr Tiere folgen.

Vorschlag 3: Suche nach der Königin

Material: Reagenzglas mit den bestellten Ameisen
Anzahl der Kinder: Beliebig
Vorbereitungszeit: 7 Tage
Durchführungszeit: 10 Minuten

Vorbereitung Wenn Sie die Ameisen bei einem Versandhaus kaufen, kann die Lieferzeit mitunter sieben Tage betragen. Auch sollten Sie beachten, dass seriöse Versandhäuser ab Temperaturen von 30 °C aufwärts nicht verschicken.

Durchführung Die Kinder beobachten die Tiere im Reagenzglas.

Was passiert? Die Kinder können die Tiere deutlich erkennen. Sie werden bestimmt feststellen, dass ein oder zwei besonders große Tiere dabei sind.

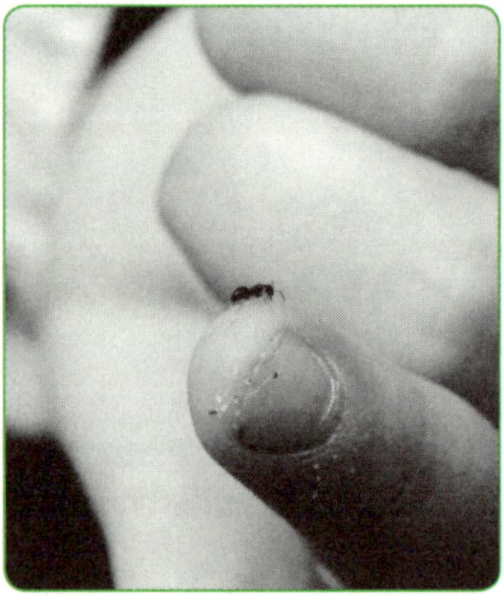

Eine Arbeiterin der Ameisenart Lasius Niger.

Erklärung Das große Tier ist die Königin, die für die Vermehrung des Staates zuständig ist. Die kleineren sind die Arbeiterinnen, die unter anderem Brutpflege betreiben oder Nahrung herbeischaffen.

Vorschlag 4: Ameisennest mit Ytong-Stein

Material für jedes Kind: Ytong-Stein (Gasbeton): 20 × 20 × 15 cm • Plexiglas • Silikon-Kleber • Schraubenzieher • Bleistift • Wurzelbürste • Gipspulver • Gipsbecher und Spatel • Ameisenstaat • Transparenter Schlauch • Becken (Formicarium) • Sand/Lehmboden • Grobes Granulat • Rote Klebefolie • Flache Schale • Honig • Wasser
Anzahl der Kinder: 1–2
Vorbereitungszeit: 60 Minuten
Durchführungszeit: 120 Minuten

Vorbereitung Lassen Sie sich schon im Baumarkt den Quader aus Ytong-Stein sägen. Achten Sie darauf, dass die Seite, die hinterher mit dem Plexiglas verbunden wird, absolut glatt ist. Versehen Sie den Stein oben mit einem Wassertank in Form einer kleinen Vertiefung und unten mit einem gebohrten Eingang, der ebenerdig sein sollte. Der Durchmesser sollte dem des Schlauchs entsprechen, der später – sozusagen als Gangway – vor diesen Eingang gelegt wird. Die Ameisen werden durch diesen Schlauch vom Reagenzglas in ihr neues Nest umgesiedelt.

Durchführung Geben Sie den Kindern den Ytong-Stein, aus dem ein Nest gekratzt werden soll. Die Kinder zeichnen hierfür einen Bauplan für Gänge und Kammern mit Bleistift auf einer der breiten Seitenflächen des Steins vor. Dann wird mit Schraubendrehern das Kammernsystem gekratzt. Die Kinder

Mögliches Kammern- und Gängesystem eines Ytong-Ameisennests.

werden hierfür wahrscheinlich Ihre Hilfe benötigen. Die Gänge sollten einen Durchmesser von ca. 5–8 mm besitzen, die Kammern einen Durchmesser von ca. 2–4 cm und eine Kammerntiefe von 1,5 bis 3 cm.

Der fertige Stein sollte ordentlich abgebürstet werden, da der Staub die Ameisen töten kann. Anschließend rühren Sie den Gips an und streichen Gänge und Kammern damit aus. Nehmen Sie dazu die Finger, damit die Gipsschicht dünn aber dicht wird. So wird verhindert, dass die Ameisen in den Poren Eier ablegen, die sie hinterher nicht mehr erreichen können. Jetzt muss der Gips noch aushärten. Setzen Sie anschließend den Ameisenstaat in den Stein. Das Ytong-Nest wird mit der Plexiglasscheibe verschlossen, die Sie mit farblosem Silikonkleber über das Kammernsystem kleben. Über den Kammern wiederum muss die rote Folie aufgeklebt werden, die dort für Dunkelheit sorgt, während die Gänge sichtbar bleiben. Sorgen Sie dafür, dass der Eingang frei bleibt: Durch diesen werden die Ameisen später in das umgebende Formicarium ein- und ausgehen. In den Wassertank füllen Sie Wasser: Der poröse Stein wird das Wasser gleichmäßig aufnehmen. Es reicht aus, alle zwei bis drei Tage Wasser nachzufüllen. Idealerweise liegt ein Teil des Nestes trocken, ein anderer ist feucht.

Als Nächstes wird das Becken, das Formicarium gestaltet, in welches das Nest hineingestellt werden soll. Die unterste Bodenschicht sollte aus grobem Granulat bestehen, darüber kommt eine Sand-Lehm-Mischung. Das Becken kann wie der natürliche Lebensraum der Ameise eingerichtet werden. Stellen Sie eine ganz flache Schale mit Honigwasser (50 % Honig und 50 % Wasser) dazu. Dann wird der Ytong-Stein hineingesetzt.

TIPP Achten Sie darauf, nicht zu viele Kammern in das Nest zu integrieren, da leerstehende Kammern gern als Mülldeponie genutzt werden. Falls es einmal Probleme geben sollte, können Sie im Internet in den verschiedenen Foren Hilfe suchen.

Was passiert? Die Ameisen besiedeln das Nest. Sie können von nun an bei ihren Beschäftigungen beobachtet werden. Beispielsweise werden einige Ameisen Sand in das Nest tragen und Gänge sowie Zugänge von Kammern verschließen oder anderweitig umbauen. Andere Ameisen bleiben hingegen in den Kammern bei der Brut.

Erklärung Ein typischer Ameisenstaat besteht aus ca. 300 000 Ameisen. Es gibt einige fruchtbare Weibchen oder Königinnen, die anderen sind unfruchtbar. Die Männchen leben nicht im Staat. Zur Fortpflanzungszeit (Ende Mai) sieht man außerhalb des Nestes geflügelte fruchtbare Weibchen (Königinnen) und geflügelte Männchen. Bei der Begattung wird der Königin ein Samenvorrat übertragen, der für ihre etwa 15-jährige Lebenszeit ausreicht. Die Königinnen streifen anschließend ihre Flügel ab und kehren in das Nest zurück, die Männchen sterben.

Es herrscht eine strikte Arbeitsteilung zwischen verschiedenen sozialen Gruppen oder sogenannten Kasten. Neben einer Königin gibt es die Brutpflegerinnen, Nestbauerinnen, Nahrungssucherinnen und Soldatinnen.

Vorschlag 5: Umsiedelung zur Winterruhe

Material: Reagenzglas mit Ameisenstaat • Reagenzglas mit Verschlusskappe • Wattebausch • Honig • Wasser • Alufolie
Anzahl der Kinder: Beliebig
Vorbereitungszeit: Keine
Durchführungszeit: 10 Minuten

HINWEIS **Die Ameisenart Lasius Niger hält von Oktober bis März Winterruhe. Daher ist dieser Vorschlag notwendig, um die Ameisen in dieser Zeit im Reagenzglas im Kühlschrank lagern zu können. Doch Vorsicht: Sobald der Ameisenstaat in einem Nest gefüttert wurde, fühlt er sich heimisch und die Umsiedelung wird schwieriger. Stellen Sie daher die Fütterung im Ytong-Nest einige Tage vor der Umsiedelung ein, damit die Ameisen von der Honiglösung im neuen Nest angelockt werden. Genauere Informationen zur Umsiedelung erhalten Sie in den entsprechenden Foren im Internet.**

Durchführung Füllen Sie das Reagenzglas bis zu einem Viertel mit Honiglösung, schieben Sie dann einen Wattebausch in das Reagenzglas bis zur Honiglösung vor. Das Reagenzglas wird nun direkt vor die Schlauchöffnung des Ytong-Nestes gelegt.

Die Tiere werden vom Honig angelockt in den frei gebliebenen Raum des Reagenzglases krabbeln, die Öffnung wird mit einer luftdurchlässigen Verschlusskappe versehen und das Reagenzglas waagerecht gelagert. Ein Teil des Glases sollte durch Umhüllen mit Alufolie verdunkelt werden.

Was passiert? Die Watte saugt sich voll und trennt den Futtervorrat vom restlichen Bereich des Reagenzglases. Der vordere Bereich des Reagenzglases stellt die neue Nistkammer dar. Innerhalb der nächsten Tage sollte das Glas im Kühlschrank an einen geschützten Ort gelegt werden.

Erklärung Es ist ein weiteres kleines Ameisennest entstanden. Wenn die Ameisen nun in der Winterruhe weniger aktiv sind, reicht ein solches Röhrchennest, das nur eine einzige Nistkammer besitzt, aus.

Spaßtag 7: ***Wie der Saft in den Magen kommt***

Warum kann man im Kopfstand trinken?

Phänomen: ***Verdauung***

Einbindung in die Bildungspläne

Das Kennenlernen des menschlichen Körpers ist als Bildungsgegenstand in allen Bildungsplänen erwähnt.

Situationsbezug

Dieser ergibt sich, sobald gegessen und getrunken wird oder wenn über Nahrungsaufnahme, besonders in Bezug auf gründliches Kauen, gesprochen wird. Die Kinder werden etwas kennenlernen, was sie nicht sehen können: Speiseröhre, Magen und Darm. Die beiden Letzteren kann man hören.

Was Sie für diese Vorschläge benötigen

- Sprudelwasser
- Trinkgläser
- Plastikflasche
- Wasser
- Gartenschlauch
- Trichter
- Stethoskope
- Plastikkanister
- Papier
- Stifte
- Klebeband
- Schere
- Tisch
- Saftflasche
- Trinkhalm
- Zahnpastatube
- Bananen
- Teller
- Gabeln
- Kaugummistreifen
- Ausgefallene Milchzähne
- Cola

Grundwissen Biologie

Isst man ein Stück Brot, so wird es durch den **Stoffwechsel** in seine Bestandteile zerlegt und die Nährstoffe werden dem Körper zugeführt.

Mit Stoffwechsel wird die **biochemische Umwandlung** von **Nährstoffen** sowie die Ausscheidung der Restprodukte bezeichnet. Die Stoffwechselvorgänge dienen dem Aufbau und der Erhaltung der Körpersubstanz und gleichzeitig der Energiegewinnung, die zur Aufrechterhaltung von Körperfunktionen benötigt wird.

Bevor jedoch diese Umwandlung beginnt, muss die Nahrung verdaut werden. Dies geschieht im **Verdauungstrakt**, der aus einem Rumpfteil und einem Kopfteil besteht.

Zum Kopfteil gehört der **Mund** mit Lippen, Zunge und Zähnen. Hier wird die Nahrung zunächst zerkleinert. Die **Speicheldrüsen**, die sich ebenfalls im Mund befinden, weichen die Nahrung ein und verändern die Konsistenz von fest zu breiartig. **Verdauungsenzyme** im Speichel bauen Kohlenhydrate ab.

Auch die **Speiseröhre** zählt zum Verdauungsapparat, obwohl sie nur den Transport der Nahrung vom Mund zum Magen bewerkstelligt und an der Verdauung selbst nicht beteiligt ist.

Verdauungsenzyme sind biochemische „Scheren“, die **langkettige Moleküle** wie Kohlenhydrate, Fette und Eiweiße in einfache **Verbindungen** zerschneiden können. Dies ist notwendig, da der Mensch die langkettigen Moleküle so nicht verwerten kann. Neben den Speicheldrüsen in Mund und der **Magenschleimhaut** stellt die **Bauchspeicheldrüse** viele dieser **Enzyme** her.

Im **Magen** und im **Darm**, die zum Rumpfteil des Verdauungsapparates gehören, wird der Nahrungsbrei dann vom Körper weiterverarbeitet. Im Magen wird die Nahrung durch den Magensaft, in dem sich ein wichtiges Enzym befindet, angedaut. Im Darm wird sie mithilfe weiterer Enzyme aufgespalten. Zusammen mit Wasser, Vitaminen und Mineralstoffen werden diese Moleküle dann von der **Darmschleimhaut** aufgenommen und gelangen von dort an die Stellen im Körper, die diese Nährstoffe dringend benötigen.

Vorschlag 1: **Der glucksende Bauch**

Material: Flasche Sprudelwasser • Trinkgläser • Plastikflasche • Wasser
Anzahl der Kinder: Beliebig
Vorbereitungszeit: Keine
Durchführungszeit: 30 Minuten

Durchführung Die Kinder bilden Zweiergruppen: Das eine Kind trinkt ein Glas Wasser, legt sich dann flach auf den Boden. Das andere Kind legt ihm das Ohr auf den Bauch.

Was passiert? Das zweite Kind hört im Bauch des ersten Kindes ein vermehrtes Gluckern.

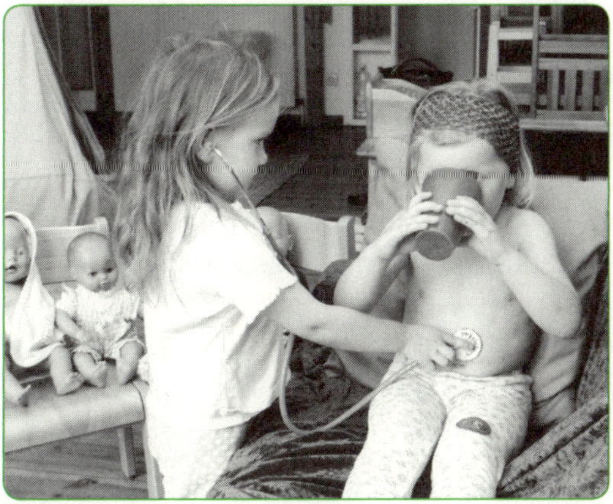

Abhorchen des Bauches.

Erklärung Es ist das Wasser, das getrunken wurde und sich nun im Magen auf dem Weg zum Darm befindet. Eine akustische Vergleichsmöglichkeit bietet sich über eine halb mit Wasser gefüllte Plastikflasche an, die Sie sacht hin und her schwenken. Auch in der Flasche ist das Gluckern des Wassers deutlich zu hören – der Vergleich zwischen der Wasserflasche und dem Magen als Hohlraum sollte den Kindern möglich sein.

Vorschlag 2: Stethoskop basteln

Material: Gartenschlauch • 2 Trichter
Anzahl der Kinder: 2–4
Vorbereitungszeit: Keine
Durchführungszeit: 30 Minuten

Durchführung Mit Ihrer Hilfe stülpen die Kinder je ein Ende eines kurzen Gummischlauches über die Stutzen zweier Trichter. Dann wird einer der Trichter einem Kind auf die linke Brustseite gesetzt, den anderen Trichter hält sich ein zweites Kind ans Ohr. Anschließend führen die beiden anderen Kinder den Hör-Versuch durch.

Was passiert? Das zweite Kind hört durch den Trichter den Herzschlag des ersten Kindes.

Erklärung Schon durch Auflegen der Hand auf die linke Seite der Brust ist der Herzschlag spürbar. Vielleicht zeigen Sie den Kindern zuerst selbst durch Handauflegen bei sich selbst, wo das Herz sitzt. Da Bewegungen (Schwingungen) stets auch als Schall wahrgenommen werden, kann die gleichmäßige Bewegung des Herzens – es sind Kontraktionen – mit dem Ohr und noch besser mit dem einfachen Stethoskop gehört werden.

TIPP Wenn Sie mehrere Stethoskope basteln, können größere Kindergruppen an dem Versuch teilnehmen.

Vorschlag 3: **Wie beim Arzt**

Material: Stethoskope
Anzahl der Kinder: Beliebig
Vorbereitungszeit: Keine
Durchführungszeit: 30 Minuten

Durchführung Die Kinder hören sich gegenseitig auf Brust und Bauch ab, beispielsweise jeder seinen Nachbarn, abhängig davon, wie viele Stethoskope verfügbar sind.

Was passiert? Es pocht in der Brust, in der Herzgegend. In der Bauchgegend kann ein Gluckern gehört werden.

Erklärung Der Herzschlag ist mit einem richtigen Stethoskop viel deutlicher zu vernehmen als im vorigen Vorschlag. Die Geräusche im Bauch sind Darmgeräusche, die nun ebenfalls viel besser zu hören sind als vorher: Hier wird das Gegessene verdaut.

Ein echtes Stethoskop funktioniert nicht viel anders als das selbstgebastelte. Allerdings befindet sich in dem Stethoskop, das Ärzte benutzen, eine Membran, die durch Geräusche (z. B. Herzschläge) in Schwingungen (Vibrationen) versetzt wird. Diese werden durch die Luftsäule im Stethoskop-Schlauch direkt an das Trommelfell des Hörenden weitergeleitet. Und noch ein Unterschied besteht zum selbstgebastelten Stethoskop: Am anderen Ende des Schlauchs sind keine Trichter angebracht, sondern die sogenannten Oliven. Durch diese werden die Gehörgänge abgedichtet. Sie sollen ein Auslöschen der Schallwelle durch Störungen, die von anderen Schallwellen verursacht werden, verhindern.

Vorschlag 4: **Schlauchleitung**

Material: Plastikkanister • Schlauch • Trichter • Papier • Stifte • Klebeband • Schere
Anzahl der Kinder: Beliebig
Vorbereitungszeit: Keine
Durchführungszeit: 10 Minuten

Vorbereitung Schneiden Sie aus dem Papier einen lachenden Mund aus und kleben Sie ihn auf den Trichter.

Durchführung Die Kinder haben erfahren, dass sich das Wasser im Bauch ziemlich weit unten befindet – es gluckert im Bauch. Welchen Weg nimmt das Wasser, sobald es runtergeschluckt ist? Sie zeigen den Kindern den Trichter mit dem lachenden Mund, einen Schlauch, der sich auf den Trichterhals stecken lässt sowie einen Kanister, der den Bauch darstellen soll. Stecken Sie nun den Trichter auf den Schlauch und lassen Sie eines der Kinder Wasser mithilfe des Trichters durch den Schlauch in den Kanister gießen.

Was passiert? Das Wasser landet im Kanister – im Bauch.

Erklärung Zwischen Mund und Magen befindet sich die ca. 25 cm lange und 1 bis 1,5 cm breite Speiseröhre. Sie ist ein muskulöser Schlauch, der hinter der Luftröhre liegt. Damit man sich nicht verschluckt, wird die Luftröhre beim Schlucken mit einem Deckel verschlossen. Die Nahrung gelangt so nur in die Speiseröhre. Indem sich die Muskeln wellenförmig zusammenziehen, wird die Nahrung in den Magen weitertransportiert.

Vorschlag 5: **Trinken im Handstand**

Material: Tisch • Saftflasche • Trinkhalm • Zahnpastatube
Anzahl der Kinder: 3–5
Vorbereitungszeit: Keine
Durchführungszeit: 10 Minuten

Durchführung Da die Kinder wahrscheinlich noch keinen Handstand machen können, können Sie den Vorschlag wie folgt durchführen: Eines der Kinder liegt mit den Beinen, die Sie festhalten, auf einem Tisch und lässt den Oberkörper über die Tischkante nach unten baumeln. Auf dem Boden steht eine Saftflasche mit einem Trinkhalm. Fordern Sie das Kind auf, zu trinken. Anschließend hören die anderen Kinder mithilfe des Stethoskops reihum den Bauch ab.

Was passiert? Obwohl sich der Magen in dieser Position oberhalb vom Mund befindet, gelangt der Saft in den Magen.

Erklärung Die Speisen fallen und rutschen nicht aufgrund der Schwerkraft durch die Speiseröhre vom Mund in den Magen, sondern werden durch die Muskeltätigkeit der Speiseröhre weiterbefördert. Zeigen Sie den Kindern hierzu am besten eine Zahnpastatube, die Sie mit abgeschraubtem Verschluss nach oben halten: Wenn die Kinder unten auf die Tube drücken, so wird der Inhalt weiterbefördert und schließlich oben aus der Tube hinausgedrückt. Nun greifen natürlich keine Finger um die Speiseröhre, vielmehr besteht die Speiseröhre selbst aus einem Muskelschlauch, um den sich quer weitere Muskeln legen – wie die Finger um die Tube.

Vorschlag 6: **Bananenbrei**

Material: Bananen • Teller • Gabeln
Anzahl der Kinder: Beliebig
Vorbereitungszeit: Keine
Durchführungszeit: 10 Minuten

Durchführung Die Bedeutung der Zähne für die Nahrungsaufnahme ist Kindern in diesem Alter bereits klar. Fragen Sie die Kinder, ob man eine Banane auch ohne Beißen herunterschlucken kann. Stellen Sie die geschälten Bananen, Teller und Gabeln zur Verfügung und lassen Sie die Kinder einen Brei aus den Bananen herstellen und essen.

Was passiert? Sind die Bananenstückchen klein genug, so können sie problemlos auch ohne Kauen geschluckt werden.

Erklärung Beim Essen übernehmen die Schneidezähne die Funktion eines Zerkleinerungswerkzeugs – mit ihnen beißt man etwas ab. Die Backenzähne, die der zerstampfenden Gabel entsprechen, zermalmen das Essen zu einem Brei.

Vorschlag 7: **Zahnabdruck**

Material: Kaugummistreifen
Anzahl der Kinder: Beliebig
Vorbereitungszeit: Keine
Durchführungszeit: 10 Minuten

Durchführung Fordern Sie ein Kind auf, ganz vorsichtig auf einen Kaugummistreifen zu beißen: Nur einmal zubeißen, dann den Mund wieder öffnen. Dann nimmt das Kind den Kaugummi aus dem Mund.

Was passiert? Auf dem Kaugummistreifen sind deutliche Zahnabdrücke zu sehen.

Erklärung Es ist die Negativform der Zähne, die als Abdruck durch das Beißen auf den Kaugummistreifen abgebildet wurden. Beißen die Kinder weiter vorn, so werden die Schneidezahnabdrücke sichtbar, hinten werden die Kauflächen der Backenzähne abgebildet.

Vorschlag 8: **Ein matter Zahn**

Material: Zwei ausgefallene Milchzähne • Glas Cola • Glas Wasser
Anzahl der Kinder: Beliebig
Vorbereitungszeit: Keine
Durchführungszeit: 5 Minuten, plus einige Tage Wartezeit

Vorbereitung Bitten Sie die Eltern um Mithilfe: Vielleicht hat ja eines der Kinder ältere Geschwister, welche schon ein paar Milchzähne verloren haben.

Durchführung Eines der Kinder legt einen Milchzahn in das Glas mit der Cola. Der zweite Zahn kommt in das Glas mit Wasser. Nun heißt es einige Tage lang warten.

Was passiert? Wenn die Zähne nach ein paar Tagen aus den Gläsern genommen werden, so ist deutlich zu sehen, dass der Zahn in der Cola ganz matt geworden ist, während sich der Zahn im Wasser nicht verändert hat.

Erklärung Die Säuren in der Cola haben den Zahnschmelz angegriffen. Säure löst das Calcium aus dem Zahnschmelz. Der Mineralstoff Calcium sorgt dafür, dass die Zähne und Knochen hart bleiben. Wird das Calcium aufgelöst, werden die Zähne weicher und anfälliger für Karies. Außerdem glänzen sie nicht mehr.

Spaßtag 8: ***Die fünf Sinne***

Kann man mit den Füßen gucken?

Phänomen:
Sinneswahrnehmungen

Einbindung in die Bildungspläne

Die Beschäftigung mit den fünf Sinnen des Menschen, die Sensibilisierung der Kinder für Sinneswahrnehmungen ist in allen Bildungsplänen auf die eine oder andere Weise festgeschrieben – oft und gerade auch im Zusammenhang mit der Kunsterziehung.

Situationsbezug

Wenn es noch nicht hell oder schon dunkel ist, ergibt sich eine gute Gelegenheit „ohne Augen zu sehen“. Geben Sie den Kindern Watte oder Gummi, Holz oder Metall und unterschiedlich geformte Gegenstände in die Hand und lassen sie sie raten, worum es sich jeweils handelt. Alternativ können Sie die Gegenstände auch unter ein großes Tuch legen und unsichtbar ertasten lassen.

Eine Alternative ist, Fühlkästen zu basteln: In Kästen mit einem Loch für die Kinderhand werden Materialien unterschiedlicher Textur und Form gelegt.

Was Sie für diese Vorschläge benötigen

- Vitamin C-Pulver
- Puderzucker
- Salz
- Backpulver
- Trinkgläser
- Herd
- Topf
- Tassen mit Abdeckung
- Wasser
- Kamillen- und Pfefferminzteebeutel
- Fett
- Stark riechende Blumenblüte
- Kartonbögen, schwarzes Tonpapier
- Dickes Buch, alte Zeitschriften
- Malerfolie
- Putzeimer
- Augenbinde
- Sand, Kiesel, Erde
- Pressspanplatten
- Sekundenkleber
- Handtücher
- Sammlung verschiedener Materialien: Wolle, Korken, Zeitungen, Schmirgelpapier, Stück Teppich, Laub
- Filmdosen
- Zettelchen
- Sammlung verschiedener Materialien: Reis, Erbsen, Steine, Watte, Glöckchen, Schrauben, Büroklammern, etc.
- CD-Spieler, CD mit Geräuschen
- Pappe, Papier
- Bleistift, Stift, Kleber, Schere, Klebeband

Grundwissen Biologie

Alle **Sinne** sind vom Zeitpunkt der Geburt an grundsätzlich funktionsfähig. Bereits ein Neugeborenes ist in der Lage, **Wahrnehmungen** zu- und einzuordnen. So wird beispielsweise Sprache von einem Neugeborenen nicht als pures Geräusch wahrgenommen, vielmehr scheint es bereits Phoneme voneinander unterscheiden zu können. Auch Gegenstände werden bereits als solche erkannt.

Die Sehfähigkeit nimmt in den ersten Lebensmonaten deutlich zu. Die Linse passt sich rasch an Entfernungen an, die Koordination der Augenbewegung verbessert sich. Die Entwicklung der Wahrnehmung vollzieht sich zu großen Teilen im ersten Lebensjahr und umfasst Komplexität, Vollständigkeit, Analyse und Integration der Sinneseindrücke mit dem Gedächtnis. Dies gilt vor allem für die höheren Sinne, also das Hören und Sehen.

Die Sinne werden in die beiden **Fernsinne** (Hören und Sehen) und die **Nahsinne** (alle übrigen Sinne) unterteilt. Sind die Fernsinne nicht funktionsfähig, so stellt dies eine Behinderung dar, da diese Sinne die wichtigsten Informationsträger des Menschen sind.

Die Fernsinne sind auch deshalb für den Menschen so wichtig, da die Sinneseindrücke, die von Auge und Ohr empfangen werden, weitergeleitet und im Gehirn verarbeitet werden, während Riechen und Schmecken direkt vor Ort geschieht – die Verarbeitung des Reizes ist unmittelbar mit dem Sinnesorgan verknüpft.

Der **Geschmackssinn**: Menschen können nur zwischen salzig, sauer, bitter und süß unterscheiden.

Der **Geruchssinn:** Verglichen mit dem Geschmackssinn ist der Geruchssinn des Menschen weitaus differenzierter. Folglich werden Speisen nicht in erster Linie wegen ihres Geschmacks, sondern vor allem wegen ihres Aromas geschätzt.

Der **Tastsinn**: Besonders viele Nervenzellen, mit denen man Dinge differenziert ertasten kann, sitzen an den Fingerkuppen.

Der **Sehsinn**: Über die Augen empfangen die Menschen die meisten Informationen aus der Umwelt. Das Auge ist wie ein Fotoapparat aufgebaut und wie bei ihm entstehen Bilder – nicht auf einem Film, sondern auf der Netzhaut im Augenhintergrund. Diese Bilder werden nun über den Sehnerv zum Sehzentrum im Gehirn geleitet. Dort nimmt man die Bilder wahr.

Eine Richtung der zeitgenössischen bildenden Kunst, die sich mit dieser Wechselwirkung Gehirn – Sehen, Kunst – Wahrnehmung beschäftigt, ist die Op-Art: Diese lässt den Betrachter Dinge sehen, die gar nicht da sind, und leistet auf diese Weise eine Bewusstseinskritik, was allerdings für die Kinder dieses Alters eine sehr untergeordnete Rolle spielt.

Es wird in diesem Rahmen eher um ein erstes Staunen gehen.

Vorschlag 1:
Salzig – süß – sauer – bitter

Material: Vitamin C-Pulver • Puderzucker • Salz • Backpulver • 4 Trinkgläser
Anzahl der Kinder: Beliebig
Vorbereitungszeit: 5 Minuten
Durchführungszeit: 20 Minuten

Vorbereitung Füllen Sie mit den Kindern die vier weißen Substanzen in die Trinkgläser.

Durchführung Lassen Sie die Kinder die Substanzen vorsichtig und in kleinen Mengen probieren.

Was passiert? Vitamin C schmeckt sauer, Zucker schmeckt süß, Kochsalz schmeckt salzig und Backpulver schmeckt fast neutral.

Erklärung Der Mensch kann nur zwischen vier Geschmacksrichtungen unterscheiden. Allenfalls kann er noch Unterschiede in den Konzentrationen wahrnehmen, etwa eine stark gesalzene Suppe von einer wenig gesalzenen unterscheiden.

Vorschlag 2: **Dufte Wasser**

Material: Herd • Topf • 2 Tassen mit Abdeckung (Deckel, Folie) • Wasser • Je 1 Teebeutel Kamille und Pfefferminz
Anzahl der Kinder: 2–5
Vorbereitungszeit: Keine
Durchführungszeit: 10 Minuten

Durchführung Lassen Sie die Kinder an den Teebeuteln riechen. Dann kochen Sie Tee. Sie gießen kochendheißes Wasser in die Tassen, geben die Teebeutel dazu und lassen den Tee kurz ziehen.

Entfernen Sie die Teebeutel und verschließen Sie beide Teetassen mit einem Deckel oder mit Folie. Nehmen Sie nach wenigen Minuten nacheinander die Deckel von den Tassen, lassen Sie die Kinder erneut schnuppern.

Was passiert? Obwohl die Teebeutel aus dem Wasser entfernt wurden, riecht der Tee ganz deutlich nach dem Inhalt der Beutel, also nach Pfefferminz oder Kamille. Die Kinder können den Unterschied selbst bei geschlossenen Augen feststellen.

Jedes Kind darf mal riechen.

Erklärung Die ätherischen Öle von Pfefferminz und Kamille, also die Aromastoffe, lösen sich in warmem Wasser und gelangen mit dem Wasserdampf zu den Riechzellen der Nase.

Vorschlag 3: **Enfleurage**

Material: Fett • Stark riechende Blumenblüte • 2 Bögen Karton • Dickes Buch
Anzahl der Kinder: Beliebig
Vorbereitungszeit: Keine
Durchführungszeit: 20 Minuten, plus 3 Tage Wartezeit

Alles, was stark riecht, kann verwendet werden.

Durchführung Die Kinder bestreichen den Karton auf einer Seite mit Fett. Dann wird die Blumenblüte in das Fett gepresst. Decken Sie nun den anderen Karton darauf und legen sie das Ganze an einem kühlen Ort unter ein dickes Buch. Nach drei Tagen wird die Blüte dem Karton entnommen.

Was passiert? Auch ohne die Blüte riecht der Karton noch intensiv danach.

Erklärung Die Duftöle (ätherische Öle) lösen sich hervorragend im Fett und können auf diese Weise der Pflanze entnommen werden. Man nennt das Verfahren Enfleurage.

Variation Sie können auch Kräuter oder Gewürze zwischen die Kartonstücke in das Fett eindrücken. Alles, was einen intensiven Geruch abgibt, ist hierfür besonders geeignet. Anschließend können Sie mit den Kartonstücken ein Ratespiel machen.

Vorschlag 4: **Fühlpfad**

Material: Malerfolie • Putzeimer • Augenbinde • Sand • Kiesel • Erde • Pressspanplatten (30 × 30 cm) • Sekundenkleber • Handtücher • Sammlung verschiedener Materialien: Wolle, Korken, Zeitungen, Schmirgelpapier • Stück Teppich • Laub
Anzahl der Kinder: Beliebig
Vorbereitungszeit: 30 Minuten
Durchführungszeit: 20 Minuten

Vorbereitung Kleben Sie die verschiedenen Materialien wie Korken, Schmirgelpapier, Wollfäden, Zeitungspapier oder anderes auf die Platten. Sie sollten gut begehbar sein. Legen Sie den Boden des Gruppenzimmers mit Malerfolie aus.

Durchführung Die Kinder legen aus den Platten einen Fußpfad an. Zwischen den Platten werden Eimer mit Sand, Wasser oder Erde aufgestellt. Dann ziehen sich die Kinder die Socken aus und bekommen nacheinander eine Augenbinde umgelegt. Führen Sie die Kinder der Reihe nach über den Pfad – über die Platten und durch die Eimer.

Was passiert? Obwohl die Kinder nichts sehen, können sie die verschiedenen Materialien gut identifizieren.

Erklärung An Fußsohlen und Zehen finden sich die Rezeptoren der Hautsinne (Tastsinn) in besonders hoher Dichte. Der Barfußpfad regt den Tastsinn an, schult aber nebenbei auch die Fähigkeit, sich auf neue Erfahrungen einzulassen.

Vorschlag 5: Geräusch-Memory

Material: Filmdosen • Zettelchen • Stift • Klebeband • Sammlung verschiedener Materialien: Reis, Erbsen, Steine, Watte, Glöckchen, Schrauben, Büroklammern, etc.
Anzahl der Kinder: Beliebig
Vorbereitungszeit: Keine
Durchführungszeit: 40 Minuten

Durchführung Fordern Sie die Kinder auf, die leeren Filmdosen paarweise mit den verschiedenen Materialien zu füllen. Sie notieren anschließend den Inhalt auf den Dosen und hören sich mit den Kindern die Geräusche an, die entstehen, wenn die Dosen geschüttelt werden. Dann werden die Dosen wie für ein Memory-Spiel gemischt.

Durch Schütteln werden verschiedene Geräusche erzeugt.

Was passiert? Die Kinder werden durchaus in der Lage sein, zusammengehörende Paare zu „erlauschen“ und eventuell den Inhalt zu benennen.

Erklärung Der Höreindruck wird beim Schütteln mit dem Aussehen der Dosenfüllung verknüpft.

Vorschlag 6: **Geräusch-Lotto**

Material: CD-Spieler • CD mit Geräuschen (*Fachhandel oder Internet*) • Pappe • Kleber • Schere • Alte Zeitschriften
Anzahl der Kinder: Beliebig
Vorbereitungszeit: 1 Tag
Durchführungszeit: 20 Minuten

Vorbereitung Schneiden Sie Pappkarten (10 x 10 cm) für das Lottospiel zurecht.

Durchführung Die CD mit den Geräuschen (quietschende Tür, fahrendes Auto, bellender Hund, das Anreißen eines Streichholzes) wird abgespielt. Für jedes Geräusch reißen die Kinder eine dazu passende Abbildung aus alten Zeitschriften aus, die Abbildungen werden auf die Pappkarten geklebt.

Was passiert? Den Kindern gelingt es, Abbildungen den entsprechenden Geräuschen zuzuordnen.

Erklärung Die Kinder verknüpfen den Höreindruck mit bereits gemachten Alltagserfahrungen und können diese – ähnlich wie beim Geräusch-Memory – nun abrufen.

TIPP Spielen Sie mit den fertiggestellten Karten ein Spiel. Die Spielregeln lauten: Wer zuerst die passende Bildkarte zu einem bestimmten Geräusch findet, behält sie. Wer die meisten Karten gesammelt hat, gewinnt.

Vorschlag 7: Geisterbilder

Material: Schwarzes Tonpapier • Kleber • Schere • Weißes Papier • Bleistift
Anzahl der Kinder: Beliebig
Vorbereitungszeit: 60 Minuten
Durchführungszeit: 30 Minuten

Vorbereitung Lassen Sie die Kinder beliebige Formen auf das Tonpapier malen, die Sie ausschneiden. Sie können diese Zeichnungen natürlich auch selbst vorbereiten und ausschneiden.

Durchführung Kleben Sie zusammen mit den Kindern die ausgeschnittenen Formen auf ein weißes Papier. Befestigen Sie das entstandene Kunstwerk an einer Wand, auf die viel Tageslicht fällt. Direkt daneben hängen Sie ein leeres, weißes Papier von gleicher Größe. Fordern Sie die Kinder auf, das gestaltete Bild sehr lange und ohne zu blinzeln anzuschauen – wenn es möglich ist, 30 Sekunden lang. Auf ein verabredetes Kommando hin sollen die Kinder auf das leere Blatt Papier schauen.

Was passiert? Die schwarzen Formen erscheinen für kurze Zeit in grünlich-bläulichem Farbton auf dem leeren Blatt Papier.

Erklärung Was Menschen sehen, ist immer ein Gemisch aus dem, was die Augen wahrnehmen und daraus, wie das Gehirn diese Information verarbeitet. Wenn man einen Baum ansieht, nehmen die Augen erst einmal ein grünes, kreisähnliches Gebilde auf einem senkrechten braunen Balken wahr. Erst das

Gehirn erkennt dann, dass es sich um einen Baum handelt. Es interpretiert also in die vom Auge wahrgenommenen Formen und Farben etwas hinein: Ein grünes kreisförmiges Gebilde mit einem braunen Balken drunter ist in den meisten Fällen ein Baum.

Dass das Gehirn Formen interpretiert und vergleicht, ist sehr nützlich, denn so kann es Dinge einordnen, auch wenn sie dem Betrachter vorher fremd waren. Allerdings kann man das Gehirn auch überlisten und zwar mit sogenannten optischen Täuschungen.

Eine optische Täuschung entsteht, wenn das Gehirn versucht eine oder mehrere Informationen eines Bildes zu interpretieren. Es beurteilt das Gesehene auch auf seine Umgebung und setzt alles in einen Zusammenhang, um eine möglichst schlüssige Information weiterleiten zu können.

Spaßtag 9:
Von der Larve bis zum Käfer

Wo kommen die Marienkäfer her?

Phänomen: ***Metamorphose***

Einbindung in die Bildungspläne

Naturbeobachtungen wie z. B. die Metamorphose nehmen in allen Bildungsplänen einen sehr großen Raum ein – nicht immer kann diesem Punkt im innerstädtischen Bereich durch Spaziergänge im Park oder im Stadtwald ausreichend Rechnung getragen werden. In diesem Fall müssen den Kindern die Beobachtungen in der Einrichtung unter künstlichen Bedingungen ermöglicht werden.

Situationsbezug

Vielleicht fragt eines der Kinder, warum Marienkäfer rot sind. Abgesehen vom Thema Warnfarbe bietet Ihnen dies einen guten Einstieg in das Thema Marienkäfer und Metamorphose. Bevor Sie mit der Aufzucht beginnen, können Sie mit den Kindern ein Lernmodell des Marienkäfers und seiner Metamorphosestadien besprechen. Diese sind anschaulich und handgroß gestaltet. Sie können sie im Internet bestellen.

Wichtig

Marienkäferzucht-Sets und Larven oder Eier sind im Internet zu bestellen. Achten Sie besonders darauf, nur die heimische Käferart Adalia Bipunctata aufzuziehen. Das Züchten und Ausbringen von fremden Arten ist nicht erlaubt. Machen Sie sich mit den Paragraphen des Bundesnaturschutzgesetzes vertraut. Ein Auszug befindet sich im Anhang des Buches. Zu regional abweichenden Gesetzgebungen erkundigen Sie sich bitte vor diesen Vorschlägen ausführlich bei der für Sie zuständigen Landesbehörde, Fachbereich Natur und Umwelt.

Was Sie für diese Vorschläge benötigen

- Blattpflanzen, die von Läusen befallen sind
- Lupen
- Einmachgläser
- Nylonstrümpfe
- Gummibänder
- Gartenhandschuhe
- Küchenrolle
- Lernmodell eines Marienkäfers
- Aufzucht-Set für Marienkäfer
- Leeres Tagebuch
- Becherlupen
- Sprühflasche mit Wasser
- Blattläuse
- Bleistift

Grundwissen Biologie

Marienkäfer sind 5–8 mm lang und haben einen stark gewölbten, runden Körper. Die Deckflügel sind rot, auf beiden Flügeln befinden sich schwarze Punkte. Wie viele Punkte es sind, hängt von der Art ab. Die Tiere sitzen meistens auf den Blättern jener Pflanzen, die von **Blattläusen** befallen sind. Die Käfer sind vom Frühjahr bis in den späten Herbst hinein aktiv.

Den Winter verbringen sie zwischen Moos, Gras oder Laub. Meist drängen sich mehrere Tiere aneinander. Manchmal versuchen die Käfer, in Gebäuden zu überwintern. Leider sterben sie dort, da die Heizungsluft zu warm und zu trocken ist.

Die Käfer legen auf den von Läusen befallenen Blättern auch ihre **Eier** ab. Sobald aus den Eiern die **Larven** geschlüpft sind, machen sich auch diese über die Blattläuse her: Insgesamt fressen sie während ihrer Entwicklung etwa 400 Blattläuse.

Die Eier der Marienkäfer sind orange, das Aussehen der Larven variiert je nach Art. Hauptsächlich sind sie grau bis schwarz.

Marienkäfer durchlaufen vier **Entwicklungsstadien**. Man nennt diese auch **Metamorphose**, die weiter unten erläutert wird. Aus den **Eigelegen** schlüpfen nach etwa zehn Tagen die ersten **Larven**. Nach einigen Wochen verpuppen sich diese bereits. Die **Puppen** hängen meistens von Pflanzen herab und sind farbig gemustert. Die Gesamtentwicklungsdauer beträgt zwischen 30 und 60 Tagen, die Marienkäfer leben etwa 12 Monate. Sie werden von Gärtnern wegen des Fressens von Blattläusen als **Nützlinge** angesehen.

Außer dem **Adalia Bipunctata**, dem **Zweipunkt-Marienkäfer**, gibt es noch andere Arten. Den Vierpunkt-, den Siebenpunkt-, den Dreizehnpunkt-, den Vierzehnpunkt-, den Neunzehnpunkt- oder den Vierundzwanzigpunkt-Käfer. Es sind nicht, wie oft von Bilderbüchern fälschlich dargestellt, die „älteren und jüngeren Geschwister“ des Zweipunktkäfers, sondern andere Arten mit anderen Lebensräumen sowie Lebens- und Ernährungsweisen.

Mit **Metamorphose** (Umgestaltung, Verwandlung, Umwandlung) bezeichnen Biologen allgemein die Umwandlung der Larvenform zum fortpflanzungsfähigen, erwachsenen Tier. Dieser Begriff wird hauptsächlich im Zusammenhang mit Tieren wie Amphibien oder Insekten gebraucht, wenn sich ihre Jugendform (Larve) stark von der Form des erwachsenen Tieres unterscheidet.

Tiergruppen, die eine Metamorphose durchlaufen, sind Froschlurche (Umwandlung der im Wasser lebenden Kaulquappe zum Frosch) und Insekten (z. B. die Umwandlung einer Raupe über die Puppe zum Schmetterling).

Der Begriff Metamorphose bezieht sich allerdings nicht auf die Entwicklung vom befruchteten Ei bis zur Larve oder Raupe, sondern nur auf die Entwicklung von Larve (Raupe) bis zum erwachsenen Tier.

Metamorphose ist ein recht weiter Begriff: So gibt es die **allmähliche Metamorphose** mit dem schrittweisen Umbau der Flügelanlagen (und Genitalanlagen) der Larve bis zum fertigen Tier. Marienkäfer und Schmetterlinge jedoch durchlaufen eine **vollkommene Metamorphose**.

Das aus der Larve entstehende Lebewesen ist in der Regel ein vollkommen neues und hat mit der Larve nichts gemein, denn die ursprüngliche Larve wird durch körpereigene Verdauungssäfte zunächst nahezu vollständig aufgelöst, also verdaut und stirbt ab. Nur einige Ansammlungen von Zellen, die während des Larvenstadiums keinerlei Funktion erfüllten, bleiben von diesem Vorgang verschont und bilden die Anlagen für die neu entstehenden Organe. Wie viel ursprüngliches Gewebe erhalten bleibt, unterscheidet sich von Art zu Art.

Die Insektenlarven spinnen sich im letzten Larvenstadium in einen **Kokon** aus **Seide** ein, der erhärtet und dem Tier im Inneren Schutz bietet. Diese Hülle, in der sich das Tier weiterentwickelt, Tier nennt sich **Puppe**. Wegen ihrer typischen Form werden die Puppen von Marienkäfern, Schmetterlingen oder Wespen **Mumienpuppen** genannt. Meist befindet sich die Puppe in vollkommener Ruhestellung, es gibt aber auch sehr bewegliche Puppen: Die Puppe des Marienkäfers zuckt heftig bei Berührung.

Allen Puppen gemeinsam ist, dass sie keine Nahrung aufnehmen.

Innerhalb der Larve beginnt nun ein vollständiger körperlicher Umbau: Die Form der Beine verändert sich und der Körper erhält seine für Insekten typische **Dreigliederung** in **Kopf**, **Brust** und **Hinterleib**. Der Marienkäfer bildet zudem Augen aus, die den blinden Larven noch fehlen sowie Flügel.

Vorschlag 1: Krabbelndes grünes Futter

Material: Blattpflanzen, die von Blattläusen befallen sind • Lupen
Anzahl der Kinder: Beliebig
Vorbereitungszeit: Keine
Durchführungszeit: 10 Minuten

Durchführung Fordern Sie die Kinder auf, die Pflanzen mit einer Lupe genau zu betrachten.

Was passiert? Die Kinder entdecken 1–8 mm große, grüne Tiere. Sie sitzen besonders an Blüten, unter den Blättern und an jungen Austrieben. Im Freien können auch geflügelte Läuse auftreten.

Erklärung Es handelt sich bei diesen Tieren um Blattläuse. Diese sind meist grün, können aber auch bräunlich, rot oder schwarz gefärbt sein. Es gibt über 800 verschiedene Blattlausarten. Sie besitzen sechs Beine und ein Fühlerpaar. Blattläuse sind Pflanzenschädlinge, da sie sich von den kohlenhydratreichen (zuckerreichen) Pflanzensäften ernähren. Sie benötigen allerdings hauptsächlich die im Saft enthaltenen Aminosäuren, den Rest scheiden sie als große Mengen zuckerhaltiger Lösung, den Honigtau, über sogenannte Siphonen (kleine Röhrchen) am Hinterteil wieder aus.

Vorschlag 2: **Käfer ansehen**

Material: Einmachgläser • Nylonstrümpfe • Gummibänder • Gartenhandschuhe • Küchenrolle
Anzahl der Kinder: Beliebig
Vorbereitungszeit: Keine
Durchführungszeit: 60 Minuten, plus einige Tage Beobachtungszeit

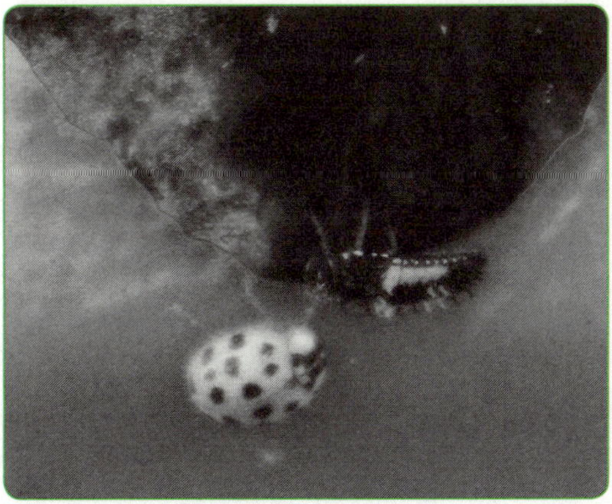

Marienkäfer und Larve.

Durchführung Am besten sind Tage im April oder Mai für das Marienkäfersammeln geeignet. Sie können mit den Kindern einige Zweipunkt-Marienkäfer in einem Einmachglas sammeln, das Sie mit dem Ende eines Nylonstrumpfes überspannen. Die Käfer finden sich am ehesten an der sonnenbeschienenen Außenseite von Hecken.

Die Zweipunkt-Käfer brauchen Nahrung und zwar Blattläuse. Pflücken Sie hierzu von Blattläusen befallene Brennnesseln. Vergessen Sie nicht, Handschuhe zu verwenden.

In der Einrichtung wird das Glas mit den Marienkäfern an einen hellen Platz gestellt. Die Temperatur sollte idealerweise 20 bis 25 °C betragen, die Käfer dürfen aber keinesfalls der prallen Sonne ausgesetzt sein. Den Boden des Zuchtbehälters legen Sie mit feuchter Küchenrolle aus. Auf diese Schicht kommen die Blätter und Stängel der Brennnesseln.

Andere, von Läusen befallene Pflanzen sind natürlich auch geeignet. Es sollte jedoch keine Holzpflanze sein.

Die Käfer müssen auch trinken. Zerstäuben Sie deshalb mit einer Sprühflasche Wasser in das Glas. Fordern Sie die Kinder in den folgenden Tagen immer wieder auf, das Geschehen im Glas zu beobachten.

Die Käfer beobachten.

Was passiert? Die Kinder beobachten die Käfer beim Fressen und Krabbeln und mit viel Glück sogar bei der Paarung. Hierbei sitzt der männliche Käfer mehrere Stunden auf dem Hinterteil des weiblichen.

Erklärung Wenn Sie die Marienkäfer nicht länger als etwa eine Woche in dem Glas halten, werden sie sich dort wie in ihrem gewohnten Lebensraum verhalten und den größten Teil des Vorrats an Blattläusen gefressen haben.

HINWEIS **Marienkäfer sind wildlebende Insekten, die Sie nicht länger als eine Woche aus ihrem natürlichen Lebensraum entnehmen sollten. Bringen Sie die Käfer im Anschluss an die Beobachtung wieder in die Natur aus.**

Vorschlag 3: Käfer als Modell

Material: Lernmodell eines Marienkäfers
Anzahl der Kinder: Beliebig
Vorbereitungszeit: 1–4 Tage
Durchführungszeit: 60 Minuten

Vorbereitung Bestellen Sie ein Lernmodell aus Kunststoff im Internet. Dies besteht aus einem Set, ist äußerst preisgünstig und enthält alle Stadien der Entwicklung.

Durchführung Stellen Sie den Kindern die Modelle in den verschiedenen Entwicklungsstadien auf den Tisch und lassen Sie sie Überlegungen darüber anstellen, in welche Reihenfolge die Modelle gesetzt werden müssen.

Was passiert? Die Kinder werden feststellen, das sie an der Käferfigur manche Merkmale wiedererkennen. Viele Details werden sie zum ersten Mal entdecken. Die übrigen drei Modelle werden ihnen fremd sein.

Erklärung Die Aufzucht-Sets beinhalten genügend Informationen, um in der Theorie die vier verschiedenen Entwicklungsstufen: Ei, Larve, Puppe und Käfer zu erklären.

Vorschlag 4: **Marienkäfer züchten**

Material: Aufzucht-Set für Marienkäfer • Evtl. leeres Tagebuch • Becherlupen • Sprühflasche mit Wasser • Blattläuse • Bleistift
Anzahl der Kinder: Beliebig
Vorbereitungszeit: 1–4 Tage
Durchführungszeit: 3 Monate

HINWEIS **Die Aufzucht von Marienkäfern ist ein Langzeitprojekt. Vom Ei bis zum fertigen Käfer vergehen drei Monate. Sie sollten die Kinder immer wieder auffordern, einen Blick in die Aufzuchtstation zu werfen. Vielleicht legen Sie auch ein Käferwochenbuch an.**

Vorbereitung Bedenken Sie bei der Bestellung die Lieferzeiten. Wenn Sie ein Wochenbuch anlegen wollen, bereiten Sie Ausmalblätter zu den einzelnen Entwicklungsstadien vor.

Durchführung Die Aufzucht-Sets für Marienkäfer werden in der Regel mit detaillierten Anleitungen und Tipps versandt. Wenn Sie sich daran halten, kann nicht viel schiefgehen. Entnehmen Sie hin und wieder ein Ei, wenn Sie Gelege finden, oder eine Larve, so dass die Kinder sie unter den Becherlupen betrachten können. Achten Sie auch auf Größe und Aussehen der Larven.

Was passiert? Die Kinder können miterleben, wie sich die Eier oder Larven zu Marienkäfern weiterentwickeln. Vielleicht haben sie in diesen drei Monaten das Glück zu sehen, wie die Marienkäferlarven fressen oder sich häuten. Auch wenn sich die Larven verpuppen, gibt es einiges zu entdecken.

Am Ende der Verpuppungszeit sollten Sie häufig nachschauen, was passiert. Vielleicht können Sie mit den Kindern beobachten, wie ein fertiger Käfer schlüpft.

Erklärung Marienkäferlarven sind blinde Jäger, die ihre Beute mit den Vorderbeinen ertasten. Berührt eine Blattlaus ein Vorderbein, so schnellt die Zweipunkt-Larve nach vorn und ergreift das Opfer mit ihren Zangen, den Mundwerkzeugen. Nach ein bis zwei Minuten ist die Blattlaus verspeist und die Larve sucht nach weiteren Blattläusen.

Sorgen Sie stets für frischen Nachschub, denn die Larven fressen sich auch gegenseitig, wenn zu wenig Blattläuse als Nahrung vorhanden sind. Größere Larven sollten Sie aus diesem Grund besser einzeln oder in kleinen Gruppen im Glas halten. Auch die Larven brauchen Wasser. Sprühen Sie deshalb mit der Sprühflasche einmal täglich Wasser in die Aufzuchtstation.

Der geschlüpfte Marienkäfer ohne Punkte.

Der fertige Marienkäfer.

Die Larven stoßen ihre alte Außenhaut immer wird ab, weil diese nicht mitwächst. Zweipunkt-Larven wechseln ihre Haut insgesamt viermal. Insgesamt dauert die Larvalentwicklung bei Temperaturen um 20 °C und gutem Nahrungsangebot ca. 20 Tage, bevor sich die Larven mit ihrem Hinterende an einem Blatt oder Ähnlichem befestigen und verpuppen – die Puppen sieht man dann als starre Würmchen an den Pflanzen kleben. In diesem Stadium seiner Entwicklung stellt das Tier die Nahrungsaufnahme gänzlich ein.

Nach ca. 10 Tagen schlüpft der junge Käfer, indem er das Vorderende der Puppenhaut aufspaltet.

Der frisch geschlüpfte Zweipunkt ist noch hellorange und es fehlen ihm die schwarzen Punkte. Nach eine paar Stunden erscheinen die Punkte jedoch immer deutlicher, während die Umfärbung in das typische Marienkäfer-Rot mehrere Tage benötigt.

Marienkäfer tragen denselben Farbstoff wie Tomaten, nämlich Carotine und müssen wie diese nach dem Schlupf erst noch „nachreifen“. Für die schwarze Farbe der Punkte ist Melanin verantwortlich, das auch der Mensch bildet und das für die Schwarzfärbung der Haare sowie die Dunkelfärbung der Haut bei Sonneneinstrahlung sorgt.

Mit seiner auffällig roten Färbung warnt der Marienkäfer seine Fressfeinde. Marienkäfer schmecken bitter, weshalb Vögel die Käfer meiden.

Sind die Käfer richtig rot geworden, haben sie das Stadium erreicht, in dem sie ausgebracht werden können. Sammeln Sie mit den Kindern alle fertigen Käfer in ein Marmeladenglas. Im Deckel sollten Löchern sein. Gehen Sie in den Wald oder Park, um die Käfer auszuwildern. Sie können auch in Gärtnereien nachfragen, ob sie einige Käfer aufnehmen, denn sie sind – wie die Kinder ja jetzt wissen – beliebte Schädlingsbekämpfer.

Spaßtag 10:
Beobachtungen an Haustieren

Können Tiere sprechen?

Phänomene:
Instinkte – Verhalten

Einbindung in die Bildungspläne

Die Beobachtung von und an Tieren wird in allen Bildungsplänen als Bildungsinhalt gefordert. Hierbei geht es oft auch um Gesichtspunkte wie den respektvollen Umgang mit Tieren. Verhaltensbiologie kann in Hinblick auf das Alter der Kinder kein Bildungsinhalt sein – dennoch spielt genau diese Disziplin bei der Beobachtung von Tieren eine entscheidende Rolle.

Situationsbezug

Bei einem Spaziergang sehen die Kinder Hunde, Katzen oder Vögel, und sofort wird der Wunsch wach, diese Tiere zu streicheln und mit ihnen zu spielen. Manche Kinder haben vielleicht bezüglich dieser Tiere vollkommen falsche Vorstellungen, die nicht selten von den Medien geprägt sind. Laden Sie verschiedene Tiere in die Einrichtung ein. Vielleicht erklären sich die Eltern der Kinder bereit, die Einrichtung mit dem eigenen Haustier zu besuchen. Der Halter sollte allerdings während des gesamten Besuchs anwesend sein. Selbstverständlich eignen sich Kampf- und Wachhunde nicht zu diesem Zweck. Auf jeden Fall sollte das Tier zunächst angeleint sein oder sich in seinem Käfig befinden. Natürlich werden nicht alle Versuche mit dem Vierbeiner auf Anhieb funktionieren – ein Effekt, der sogar erwünscht ist: Auf diese Weise erfahren die Kinder, dass Lebewesen nicht auf Knopfdruck reagieren.

Richten Sie mit den Kindern einen Futterplatz für Vögel ein. Hierzu kann ein Vogelhaus gekauft oder selbst gezimmert werden, das im Außenbereich aufgestellt wird. Es finden sich im Folgenden einige einfache Rezepte für das Vogelrestaurant, die die Kinder selbst zubereiten können.

Was Sie für diese Vorschläge benötigen

- Die eingeladenen Tiere: Hund und Katze
- Katzen- und Hundeleckerbissen (*Zoofachgeschäft*)
- Walnuss, Körnermischung
- Zeitungspapier
- Paketschnur und Bindfaden, Wolle
- Holzplatten
- Stühle
- Evtl. Reifen
- Pappkarton, Schuhkarton
- Platten aus Holz, Papprohr mit Deckel (*Baumarkt*)
- Winkelstücke mit passenden Schrauben (*Baumarkt*)
- Einwegflaschen aus Plastik
- Rundhölzer, Zweige
- Schere, Messer, Klebeband
- Herd, kleiner Topf, Holzlöffel
- Sandbad: tiefe Auflaufform, Sand, Tücher
- Kokosfett, Getreideflocken, Nüsse, Speiseöl
- Tontöpfe mit Loch im Boden

Grundwissen Biologie

Haustiere werden als Nahrungslieferanten (Schwein, Rind, Huhn etc.) oder als Gefährten des Menschen gezüchtet. Alle Haustiere gehen auf Wildtierarten zurück, die sich auch heute noch in der freien Natur finden. Im Zoo können fast alle Tierarten beobachtet werden. Ein Beispiel hierfür sind die Katzen, die zahmen kleinen Verwandten von Löwe und Tiger.

Hauskatzen werden seit etwa 3500 Jahren gehalten und gehen auf die nordafrikanische Wild- oder Falbkatze zurück.

Hunde sind Nachfahren der Wölfe und waren die ersten Haustiere – lange vor den Katzen. Zuerst wurden Hunde als Jagdhelfer, später als Hütehunde abgerichtet.

Die Vorfahren der **Vögel** sind nach Ansicht der meisten Forscher kleine Raubdinosaurier gewesen, die sogenannte Bodenläufer waren. Heutzutage sind ca. 9800 Vogelarten bekannt. Von einem typischen Vogelfutterhaus in hiesigen Breitengraden profitieren nur 10 bis 15 Vogelarten, beispielsweise Meisen, Finken, Rotkehlchen, Amseln oder Drosseln. Keine dieser Arten ist gefährdet, außer dem seltener werdenden Haus- und Feldspatzen.

TIPP **Sie sollten beim Umgang mit Vögeln im Sinne des Artenschutzes handeln und zugleich eine attraktive Beobachtungsstation für die Kinder schaffen. Fertige Nistkästen für bedrohte Arten und wertvolle Hinweise erhalten Sie zum Beispiel bei der Deutschen Wildtier Stiftung oder beim NABU, dem Naturschutzbund Deutschland.**

Vorschlag 1: **Die Katzensprache**

Material: Eine eingeladene Hauskatze mit Besitzerin oder Besitzer
Anzahl der Kinder: 2–5
Vorbereitungszeit: Keine
Durchführungszeit: 60 Minuten

Durchführung Fordern Sie die Kinder auf, das Tier zu beobachten – ohne es anzufassen. Weisen Sie die Kinder darauf hin, dass man Katzen – wie alle Tiere auch – nicht ärgern sollte. Sie haben scharfe Krallen, die sie auch einsetzen, wenn sie sich bedroht fühlen. Der Besitzer oder die Besitzerin sollten die gesamte Zeit über anwesend sein.

Was passiert? Die Kinder werden Fragen stellen und verschiedene Verhaltensweisen der Katze beobachten. Die Katze wird sicherlich nicht wie ein Hund schwanzwedelnd auf die Kinder zuspringen. Eher wird sie selbst von einem sicheren Ort aus die Kinder beobachten, vielleicht wird sie sich auch desinteressiert geben, sich verkriechen oder sich putzen.

Erklärung Früher ging man davon aus, Katzen seien Einzelgänger, was mittlerweile widerlegt ist. Katzen haben ein ausgeprägtes soziales Gruppenverhalten. Man kann bei ihnen vielfältige Interaktionen beobachten.

Das Gruppenverhalten von freilebenden Katzen ist in Ansätzen dem der Löwen ähnlich. Die Weibchen kümmern sich um die Gruppe und die Verteidigung des Reviers. Sobald die Kater der Gruppe die Geschlechtsreife erreicht haben, trennen sie sich von der Gruppe und suchen sich neue Reviere. Katzen jagen allerdings nicht in Gruppen, wie ihre großen Verwandten. Sie schleichen nachts auf der Suche nach Beute allein durch Wald und Wiese. Fast lautlos nähern sie sich einem Beutetier oder

Eine Katze kann sich mit Mimik verständigen.

lauern ihm auf. Wenn ihnen der Zeitpunkt günstig erscheint, springen sie es aus kurzer Entfernung präzise an.

Kommen Katzen in Kontakt mit Artgenossen, Feinden oder dem Menschen, signalisieren sie mit dem ganzen Körper, in welchem emotionalen Zustand sie sich befinden. Die Haltung des gesamten Körpers, die Verengung oder Erweiterung der Pupillen, die Bewegungen oder Haltung des Schwanzes, die Stellung der Ohren oder auch Laute – all dies sind wichtige Signale.

Ein erhobener, leicht gebogener Schwanz kann Vergnügen, Freude, Erwartung oder Spannung bedeuten. Die Schwanzspitze kann hierbei auch leicht zittern. Der Schwanz kann auch entspannt herunterhängen. Fühlt sich die Katze sicher und entspannt, so sind die Ohren aufgestellt und die Augen halb geschlossen.

Peitscht oder zuckt der Schwanz wild hin und her, so ist die Katze unsicher, irritiert oder gar aggressiv. Ist er stark nach unten gebogen oder aufgestellt und das Fell aufgeplustert, deutet dies auf eine Drohgebärde hin. Der typische Katzenbuckel geht mit einem Aufplustern des Fells einher. Er soll die Katze gegenüber dem Feind größer erscheinen lassen.

Weiß sich die Katze gar nicht mehr zu helfen, lässt sie sich auf die Seite fallen, um sich im Ernstfall mit Klauen und Zähnen verteidigen zu können.

Beobachtet man das Gesicht einer Katze genau, so kann man erkennen, dass sie auf verschiedene Situationen mit vielfältigen Grimassen reagiert.

Verengen sich ihre Pupillen, ist dies schon Teil einer Drohgebärde, genau wie das Fixieren mit den Augen. Hierbei stellen sich meist auch die Schnurrhaare deutlich nach vorn und die Ohren werden an die Seite gelegt. Erweiterte Pupillen signalisieren Angst. Die Katze kauert sich flach an den Boden und zieht die Beine unter sich. Die Ohren sind flach nach hinten an den Kopf gelegt, und je nach Situation wird sie den Mund öffnen, ihr Gebiss zeigen und kehlige Fauchlaute von sich geben.

Schnurrende Katzen fühlen sich meist wohl. Dieser Kommunikationslaut wird jedoch noch erforscht. Man geht davon aus, dass unsichere und scheue Tiere durch anhaltendes Schnurren versuchen, die Gunst des Gefährten zu erobern. Auch ist das Schnurren bei kranken und an Schmerzen leidenden Tieren zu hören. Kitten (Babykatzen) schnurren ebenfalls fortwährend, was als Vibration auf das Muttertier übergeht und unter anderem Wohlbefinden ausdrückt.

Vorschlag 2: **Rollende Nüsse**

Material: Die Katze • Walnuss
Anzahl der Kinder: 2–5
Vorbereitungszeit: Keine
Durchführungszeit: 60 Minuten

Durchführung Die Kinder rollen reihum eine Walnuss über den Boden.

Was passiert? Ist die Katze ein neugieriges und tolerantes Tier, das sich angstlos und schnell in der neuen Situation zurechtfindet, wird sie die Nuss fangen wollen oder damit spielen.

Erklärung Dieser Spieltrieb lässt sich auf das Jungtierverhalten der Katze zurückführen. Während dieser Phase erproben sich die Kitten an vielen geeigneten Gegenständen und üben das Anschleichen und Anspringen des Beutetieres.

Wenn Jungtiere miteinander spielen, testen sie auch ihre sozialen Grenzen aus und lernen das Verhalten von anderen Artgenossen kennen. Einige Katzen verlieren die Lust am Spielen, wenn sie älter werden, andere bleiben ein Leben lang verspielt. Das hängt ganz vom Charakter der Katze ab.

Vorschlag 3: Katzen-Fitness

Material: Die Katze • Paketschnur • Zeitungspapier • Evtl. Wolle
Anzahl der Kinder: 2–5
Vorbereitungszeit: 30 Minuten
Durchführungszeit: 20 Minuten

Vorbereitung Knüllen Sie mit den Kindern Papierbälle aus Zeitungspapier zusammen. Befestigen Sie die Bälle an einer Paketschnur. Sie können natürlich auch aus Wolle einen Ball wickeln.

Durchführung Ein Kind lässt den Ball vor die Nase der Katze rollen und zieht ihn dann an der Schnur ruckartig fort.

Was passiert? Eine verspielte Katze wird versuchen, den Ball zu fangen.

Erklärung Es ist keineswegs so, dass die Katze den Unterschied zwischen Maus und Ball nicht bemerkt. Vielmehr dient ihr das Spielzeug als Trainingsobjekt. Sie übt beim Spiel das Verhalten und die Bewegungen des Jagens.

TIPP Die Schnur erlaubt es, den Ball schnell wie eine Maus zu bewegen, ihn in die Luft zu schleudern oder hüpfen zu lassen. Ist die Schnur wie bei einer Angel mit einem Stock verbunden, wird der Spielraum noch größer. Jede Katze bevorzugt eine andere Spielvariante. Manche Katzen jagen einem schnellen glatten Objekt hinterher, andere springen lieber nach einem Spielzeug, das sich ruckartig bewegt. Wieder andere lieben viel Abwechslung innerhalb des Spiels und wollen zwischendurch ihre Beute auch einmal packen, bevor sie weiter danach jagen.

Vorschlag 4: Schmusekatze

Material: Die Katze
Anzahl der Kinder: 2–5
Vorbereitungszeit: Keine
Durchführungszeit: 20 Minuten

Durchführung Wenn die Katze mit den Kindern vertrauter ist, kann sie gestreichelt werden.

Was passiert? Streicht die Katze den Kindern um die Beine, ist sie ihnen positiv zugetan.

Erklärung Der Begriff Schmusekatze hat durchaus seine Berechtigung. Befreundete Tiere schmusen oft ausgiebig miteinander, und auch der vertraute Mensch wird als Schmusepartner angenommen. Doch auch hier bleibt sich die Katze treu.

Sie möchte allein bestimmen, zu welchem Zeitpunkt und wie lange Zärtlichkeiten ausgetauscht werden.

Im richtigen Moment nimmt die Katze Zuwendungen genussvoll entgegen. Sie lässt sich streicheln, kraulen und tätscheln, vor allem am Hals und am Bauch. Sie kneift die Augen zu, streckt und reckt sich, spreizt die Zehen, rollt sich auf den Rücken, streckt alle Viere von sich und schnurrt voller Behagen. Manchmal umfängt sie mit den Pfoten die liebkosende Hand, beißt ganz vorsichtig hinein oder leckt sie zufrieden mit ihrer rauen Zunge. Die Katze lässt sich nicht nur verwöhnen, sondern gibt auch Zärtlichkeiten zurück.

Vorschlag 5: **Schatzsuche**

Material: Die Katze • Leckerbissen • Großer Karton
Anzahl der Kinder: 2–5
Vorbereitungszeit: Keine
Durchführungszeit: 20 Minuten

Durchführung Die Kinder stellen der Katze einen Karton hin, in dem sich ein Leckerbissen befindet.

Was passiert? Die Katze versucht, an den Leckerbissen zu gelangen. Eventuell springt sie in den Karton.

Erklärung Katzen haben einen sehr guten Geruchssinn. Dieser ist zwar weitaus schwächer als der Geruchssinn der Hunde, doch ausgeprägt genug, um Futter in einem Karton zu erschnuppern.

Auch ein Hund verständigt sich mit Mimik.

Vorschlag 6: **Die Hundesprache**

Material: Ein eingeladener Hund mit Herrchen oder Frauchen
Anzahl der Kinder: Beliebig
Vorbereitungszeit: Keine
Durchführungszeit: 60 Minuten

Durchführung Lassen Sie die Kinder den angeleinten Hund zunächst einmal beobachten, damit sich alle aneinander gewöhnen können. Lassen Sie Frauchen oder Herrchen etwas über den Hund erzählen. Was frisst er? Wo kommt er her? Welche Rasse ist es? Usw.

Was passiert? Die Kinder werden Fragen stellen und verschiedene Verhaltensweisen des Hundes beobachten.

Erklärung Der Hund ist ein Rudeltier. Rudel sind soziale Systeme einer Tiergemeinschaft. Das sogenannte Alphatier ist in der Rangfolge am höchsten eingestuft. Ein Rudel ist nicht nur eine Jagdgemeinschaft, sondern vielmehr eine Art Familie für die Tiere. Es schenkt ihnen Sicherheit vor Feinden und Geborgenheit. Der domestizierte Hund nimmt auch den Menschen als

Alphatier oder Rudel an, da er von ihm Nahrung und Schutz erhält. Er versucht allerdings auch innerhalb einer Familie, sich eine Rangfolge zu erschließen oder gar zu erkämpfen.

Der junge Hund, der Welpe, verlässt das Muttertier in der Regel innerhalb von acht bis zwölf Wochen, nachdem die Hündin geworfen hat. Welpen kommen blind zur Welt und sind bis zum Moment der Öffnung der Augen vollständig auf die Mutter angewiesen. Der Welpe zeigt dem Muttertier durch Lecken des Gesichts und dadurch, dass er sich auf den Rücken rollt, an, dass er Nahrung oder Fellpflege erwartet. Dieses Verhalten wird sich bei Haushunden nie ganz verlieren.

Hunde kommunizieren vielfältig mit- und untereinander. Eine hoch aufgerichtete Rute ist immer etwas Positives. Der Hund fühlt sich wohl, ist aufmerksam oder in freudiger Erwartung. Wedelt er dabei mit der Rute, ist er besonders emotional erregt. Nach vorn gerichtete Ohren sind ein Zeichen für Aufmerksamkeit und Wachsamkeit. Ein nach vorn gereckter Kopf und eine angespannte gerade Haltung mit aufgestellten Ohren zeugt von Dominanz.

Ein Hund, der in der Rangfolge ganz unten steht, wird niemals den Blick des Gegenübers suchen, dies wird als äußerst aggressiv empfunden. Auch kann er Angst und Unterwürfigkeit demonstrieren, indem er die Rute zwischen die Hinterläufe klemmt, die Ohren nach hinten anlegt und den Kopf senkt. Ein Winseln kann dieses Verhalten begleiten. Allerdings winseln Hunde auch, wenn sie Schmerzen haben.

Kämpfe werden innerhalb eines Rudels selten ausgetragen. Meist beschränken sich die Drohgebärden auf ein Zähnefletschen, angelegte Ohren und ein aufgestelltes Rücken- oder Nackenfell, das von Knurren begleitet wird. Der Hund, der am überzeugendsten droht, gewinnt. Der Verlierer dieses Duells legt sich auf den Rücken, um dem überlegenen Hund seine Unterwürfigkeit zu demonstrieren, indem er ihm seine verwundbarste Stelle anbietet.

Bellen bedeutet immer das Anzeigen von potenzieller Gefahr für das Rudel.

Ein Hund kann viel besser riechen als der Mensch. Er erschließt sich seine Welt über Gerüche. Wenn er also an allem rumschnuppert, versucht er nur, sich zu orientieren.

Vorschlag 7: **Leckerli verstecken**

Material: Der eingeladene Hund • Leckerbissen für Hunde • Papprohr • Schuhkarton
Anzahl der Kinder: 2–5
Vorbereitungszeit: 10 Minuten
Durchführungszeit: 20 Minuten

Vorbereitung Lassen Sie jedes Kind einen Leckerbissen verstecken, während der Hund draußen warten muss. Die Leckerlis können in dem Rohr, dem Schuhkarton, in Schuhen und unter Tischen und Stühlen versteckt werden. Der Hund sollte eine reelle Chance haben, an alles heranzukommen.

Durchführung Der Hund wird in den Raum gelassen und darf schnuppern und suchen. Die Kinder beobachten nur.

Was passiert? Es ist wahrscheinlich, dass der Hund ziemlich viele Leckerbissen finden wird.

Erklärung Hier kann der Hund den Kindern beweisen, dass er eine sehr feine Nase hat. Obwohl er keines der versteckten Leckerlis sehen kann, wird er doch einige von ihnen finden.

Vorschlag 8:
Geschicklichkeitsspiel für Hunde

Material: Leckerbissen für Hunde • 3 1-Liter-Einwegflaschen aus Plastik • 1 Rundholz (Durchmesser 0,5–1 cm, 1 m lang) • Holzplatte (1 × 1 m) • 2 Winkelstücke mit passenden Schrauben (ca. 40 cm lang) • Klebeband • Schere • Messer • Der eingeladene Hund
Anzahl der Kinder: 2–5
Vorbereitungszeit: 30 Minuten
Durchführungszeit: 20 Minuten

Vorbereitung Sie sägen drei Einwegflaschen unterhalb des Flaschenhalses so durch, dass sich drei unterschiedlich große Öffnungen ergeben, deren scharfe Kanten Sie mit Klebeband umkleben. Diese drei unterschiedlichen Flaschenhälse werden quer auf einen langen Stab gesteckt. Schrauben Sie auf der Holzplatte zwei Eisenwinkel mit Lochbohrungen in einem Abstand fest, der etwa der Länge des Stabes entspricht (etwas kürzer). In die oben befindlichen Löcher hängen Sie rechts und links die Stabenden ein.

Durchführung Die Kinder legen Leckerbissen in die Flaschenhälse. Dann darf der Hund versuchen, an die Leckerlis zu gelangen.

Was passiert? Berührt der Hund mit seiner Schnauze die Flaschenhälse, so wackeln diese und die Leckerbissen fallen heraus.

Erklärung Wiederum brauchen die Tiere unterschiedlich lange, bis sie begriffen haben, dass und wie man die Flaschen auf den Kopf stellen muss um an die Leckerbissen zu gelangen.

Vorschlag 9: **Ein Hund schaut in die Röhre**

Material: Leckerbissen für Hunde • Pappröhre mit Deckel • Rundholzstab (Durchmesser 0,5–1 cm, ca. 30 cm lang) • Holzplatte (1 × 1 m) • 2 Winkelstücke mit passenden Schrauben (40 cm lang) • Klebeband • Schere • Messer • Der eingeladene Hund
Anzahl der Kinder: 2–5
Vorbereitungszeit: 50 Minuten
Durchführungszeit: 20 Minuten

Vorbereitung Schrauben Sie auf der Holzplatte die Winkel fest. Bohren Sie mittig in die Pappröhre zwei gegenüberliegende Löcher vom Durchmesser des Rundholzstabes. Schieben Sie den Rundholzstab durch diese beiden Löcher. Hängen Sie anschließend beide Seiten des freibeweglichen Stabes in die oberen Löcher der Winkel ein. Verschließen Sie eine Seite der Pappröhre.

Durchführung Kippen Sie die Wippe so, dass die offene Seite nach oben zeigt und lassen Sie die Kinder Leckerbissen hin-

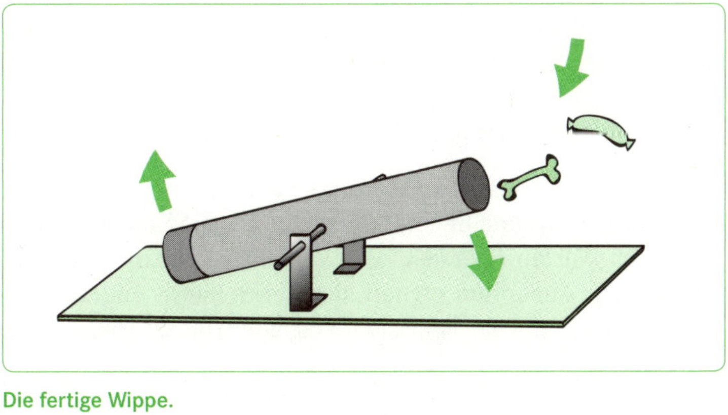

Die fertige Wippe.

einlegen. Nun darf der Hund den Leckerbissen aus dem Rohr holen.

Was passiert? Drückt der Hund das Rohrende nach unten, so rutscht das Leckerli aus der Wippe.

Erklärung Diese Aufgabe ähnelt der vorigen – durch Probieren ist der Hund schließlich erfolgreich. Er kann sich den Lösungsweg sogar für weitere Versuche merken, denn auch Hunde haben ein Gedächtnis.

Vorschlag 10: Meisenspeise

Material: Herd • Kleiner Topf • Holzlöffel • Kokosfett • Körnermischung • Ein Stück Kordel (unbehandeltes Jutegarn) oder Paketschnur • Zweige • Tontöpfe mit Loch im Boden • Speiseöl • Getreideflocken • Nüsse
Anzahl der Kinder: 2–5
Vorbereitungszeit: 40 Minuten
Durchführungszeit: 50 Minuten

Vorbereitung Kurz vor der Durchführung des Vorschlags erwärmen Sie das Öl zusammen mit dem Fett langsam in einem Töpfchen, wobei Sie darauf achten müssen, es nicht über den Schmelzpunkt hinaus zu erhitzen. Stellen Sie die gerade noch flüssige Fett-Öl-Mischung warm. Sie können den Topf ganz normal bei niedriger Temperatur im Backofen warmhalten.

Durchführung Fordern Sie die Kinder auf, die Körnermischung in das Fett zu streuen und gut umzurühren. Die Kinder können zusätzlich Weizen-, Gersten- oder Dinkelflocken zur Mischung hinzufügen. Außerdem eignen sich zerkleinerte ungesalzene Nüsse, etwa Erdnüsse, aber auch Wal- oder Haselnüsse.

Je größer der Anteil an Nüssen und Körnern ist, desto lockerer wird die Mischung im erkalteten Zustand.

Machen Sie einen dicken Knoten in ein Ende der Kordel. Ziehen Sie das unverknotete Ende von außen durch das Loch des Tontopfes. Legen Sie nun den Zweig quer über die Öffnung des Topfes und fixieren Sie ihn dort mit Hilfe der Kordel, so gut es geht. Der Zweig dient den Vögeln später als Hilfe beim Anfliegen der Futterstelle. Achten Sie darauf, dass genügend Kordel übrigbleibt, um die Futterstelle später an einem Baum aufzuhängen.

Das halbflüssige Futtergemisch wird nun – vielleicht von den Kindern – in den Tontopf gelöffelt, wo es abkühlt und aushärtet. Die Kinder wählen anschließend einen Platz im Außengelände, wo Sie die Futterstelle aufhängen können. Dieser Platz sollte so gewählt sein, dass die Kinder vom Fenster aus die pickenden Vögel gut beobachten können. Die Futterstelle sollte sich jedoch eher im Schatten befinden, damit sich der Inhalt an sonnigeren Tagen nicht zu sehr erwärmt.

Was passiert? Bald wird es sich unter den Meisen „herumgesprochen" haben, dass ein neues Vogelrestaurant eröffnet hat: Die Kinder beobachten, wie Meisen und andere Körnerfresser an dem Fettfutter picken.

Erklärung Meisen und andere Kleinvögel haben einen sehr hohen Energiebedarf, denn beim Fliegen wird sehr viel davon verbraucht. Doch auch im Winter, wenn das Fliegen stark eingeschränkt wird, dürfen die Vögel nicht fasten. Sie müssen ihre Körpertemperatur halten, die mit ca. 40 °C deutlich höher liegt als die des Menschen.

Von den drei Nährstoffgruppen (Eiweiße, Kohlenhydrate und Fette) sichert Fett die Energieversorgung am besten. Aufgrund seines geringen Gewichtes hat es mit Abstand den höchsten

Brennwert. Außerdem lässt es sich sofort und leicht als Reserve für lange Winternächte und Schlechtwetterperioden speichern. Kohlenhydrate müssten zuerst in größerer Menge aufgenommen und in Fett umgewandelt werden.

Kleine Vögel – besonders kleine Insektenfresser – verzehren ohne Schaden zu nehmen größere Mengen Fett (Fettsäuren) pflanzlicher und/oder tierischer Herkunft, obwohl auch sie aufgrund ihrer Fettspeicher im Spätherbst deutlich schwerer sind als noch im Sommer. Die Amsel, ein mittelgroßer Vogel, legt im Herbst etwa 20 % Gewicht zu.

Warum es sinnvoll sein kann, auch im Frühjahr oder sogar im Sommer das Vogelrestaurant geöffnet zu halten und im Vogelhäuschen den Körnermix anzubieten, hängt mit Folgendem zusammen: Meisen brüten etwa von April bis Juli, manche Arten brüten zweimal. Es stellt also ganz sicher eine Erleichterung dar, wenn die Vogeleltern, die mit der Brutpflege beschäftigt sind und darüber vielleicht selbst zu kurz kommen, während dieser Zeit wissen, wo sie schnell ihre Energiereserven auffüllen können.

TIPP Füllen Sie das Vogelrestaurant am Morgen so früh wie möglich auf, damit die Vögel nach der kalten und energiezehrenden Nacht sofort Nahrung finden.

Variation Alternativ können die Kinder das abkühlende, aber noch formbare Vogelfuttergemisch zu Knödeln rollen. Eine nette Idee ist es sicherlich, wenn die Kinder mit großen Plätzchenausstechformen aus der Masse Vogelkekse stechen. Sowohl in Knödel als auch in Kekse müssen natürlich Kordeln eingearbeitet werden, damit die Nahrung später an Bäumen aufgehängt werden kann.

TIPP Stellen Sie auch ein Vogelbad neben der Futterstelle auf: Dieses besteht aus einer flachen Schale, die ca. 1 cm hoch mit Wasser gefüllt ist. Das Vogelbad muss – wie ein Vogelhaus auch – mit heißem Wasser ohne Spülmittel täglich gereinigt werden, bevor frisches Wasser aufgefüllt wird.

Auszug aus dem Bundesnaturschutzgesetz

§ 41 BNatSchG
Allgemeiner Schutz wild lebender Tiere und Pflanzen

(1) Die Länder erlassen Vorschriften über den Schutz der wild lebenden Tiere und Pflanzen. Dabei ist insbesondere zu regeln,
Tiere nicht mutwillig zu beunruhigen oder ohne vernünftigen Grund zu fangen, zu verletzen oder zu töten,
Pflanzen nicht ohne vernünftigen Grund von ihrem Standort zu entnehmen oder zu nutzen oder ihre Bestände niederzuschlagen oder auf sonstige Weise zu verwüsten, Lebensstätten nicht ohne vernünftigen Grund zu beeinträchtigen oder zu zerstören, soweit sich aus § 42 Abs. 1 kein strengerer Schutz ergibt.

(2) Die Länder treffen unter Beachtung des Artikels 22 der Richtlinie 92/43/EWG und des Artikels 11 der Richtlinie 79/409/EWG sowie des Artikels 8 Buchstabe h des Übereinkommens über die biologische Vielfalt vom 5. Juni 1992 (BGBl. 1993 II S. 1471) geeignete Maßnahmen, um die Gefahren einer Verfälschung der Tier- oder Pflanzenwelt der Mitgliedstaaten durch Ansiedlung und Ausbreitung von Tieren und Pflanzen gebietsfremder Arten abzuwehren. Sie erlassen insbesondere Vorschriften über die Genehmigung des Ansiedelns

1. von Tieren und
2. von Pflanzen gebietsfremder Arten in der freien Natur.

Die Genehmigung ist zu versagen, wenn die Gefahr einer Verfälschung der Tier- oder Pflanzenwelt der Mitgliedstaaten oder eine Gefährdung des Bestands oder der Verbreitung wild lebender Tier- oder Pflanzenarten der Mitgliedstaaten oder von Populationen solcher Arten nicht auszuschließen ist. Von dem Erfordernis einer Genehmigung sind auszunehmen

1. der Anbau von Pflanzen in der Land- und Forstwirtschaft,

2. das Einsetzen von Tieren
a) nicht gebietsfremder Arten,
b) gebietsfremder Arten, sofern das Einsetzen einer pflanzenschutzrechtlichen Genehmigung bedarf, bei der die Belange des Artenschutzes berücksichtigt sind, zum Zweck des biologischen Pflanzenschutzes,

3. das Ansiedeln von dem Jagd- oder Fischereirecht unterliegenden Tieren nicht gebietsfremder Arten.

(3) Die Länder können weitere Vorschriften erlassen; sie können insbesondere die Voraussetzungen bestimmen, unter denen die Entnahme von Tieren oder Pflanzen wild lebender nicht besonders geschützter Arten aus der Natur zulässig ist.